20
88
40
92

이 책을 마르타에게 바칩니다.

기상천외 발명백과

나는 발명한다, 고로 존재한다!

마우고자타 미치엘스카 글
알렉산드라 미지엘린스카, 다니엘 미지엘린스키 그림
김영화 옮김

을파소

우리는 왜 발명을 할까요?

사람들은 자신의 상상을 현실로 만들고 싶을 때 발명을 합니다. 무언가를 꿈꾸게 된 사람은 그것을 이루려고 온 힘을 다해 노력하지요. 또 일하기 싫은 사람이라면 좀 더 편하게 일하기 위해 새로운 도구를 만들기도 합니다. 이렇게 사람들은 다양한 것들을 발명해 왔답니다.

정말이에요! 누구나 자유롭게 생각하고 발명할 수 있어요. 용기가 없고 게으른 사람들만 못할 뿐이에요. 진짜 발명가는 꿈을 꾸고 상상을 하며, 자기 생각이 불가능하다는 걱정은 하지 않아요. 계속 상상하다 보면 언젠가 멋지고 쓸 만한 것이 세상에 태어나지 않겠어요?

그러니 여러분도 발명을 해 보세요! 다른 사람이 내 생각을 바보 같다거나 쓸모없다고 여기면 어쩌지 겁낼 필요는 없어요. 좋은 아이디어가 떠오르지 않을 때도 있겠지만, 도전할 가치가 없는 것은 아니니까

요. 특히 발명을 하는 과정은 재미있는 놀이가 되기도 해요. 또 스스로 무언가를 만들어 낸다는 것에 자부심을 느낄 수도 있지요.

많이 도전할수록 성공할 가능성도 커져요. 아무것도 시도하지 않는 사람은 분명 아무것도 발명하지 못할 거예요. 심지어 천재도 언제나 성공하는 것은 아니니 부디 실패를 두려워하지 마세요.

레오나르도 다 빈치를 떠올려 볼까요? 레오나르도 다 빈치는 500여 년 전 이탈리아에 살았던 훌륭한 학자예요. 그는 자동차, 헬리콥터, 비행기, 낙하산, 요트, 엘리베이터, 망원경, 기사 로봇, 물 위를 걷는 신발 등 다양하고 수많은 장치를 생각해 냈지요. 하지만 그가 살아 있는 동안 실제로 만들어진 건 고작 몇 개뿐이었어요. 왜냐하면 당시에는 그의 생각을 현실로 만들 만한 재료가 없었고, 만드는 과정에도 문제가 생겨 많은 아이디어가 실현되지 못했지요.

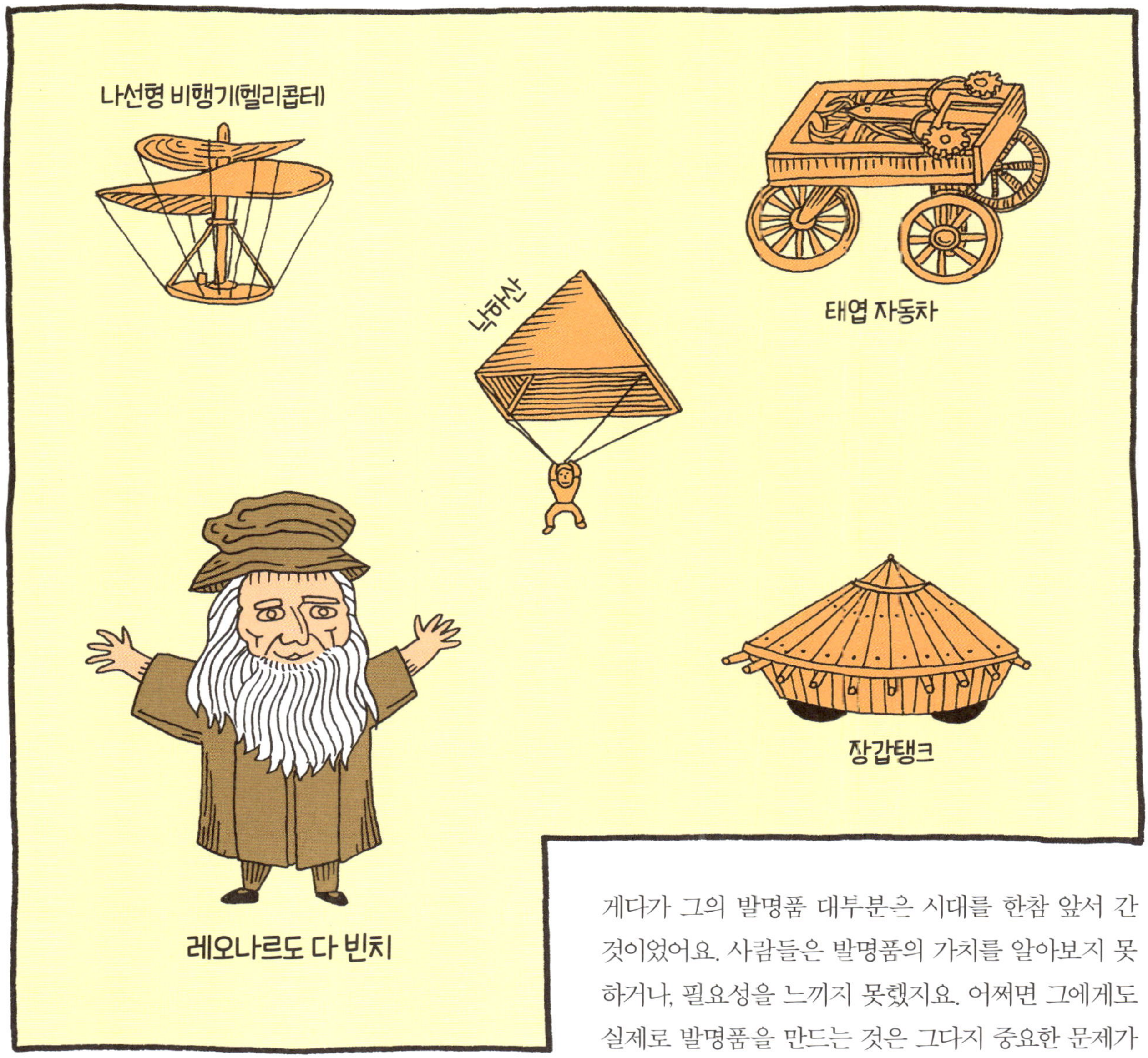

게다가 그의 발명품 대부분은 시대를 한참 앞서 간 것이었어요. 사람들은 발명품의 가치를 알아보지 못하거나, 필요성을 느끼지 못했지요. 어쩌면 그에게도 실제로 발명품을 만드는 것은 그다지 중요한 문제가 아니었을지 몰라요. 어쨌든 당시 사람들은 다 빈치를 이상한 사람이라고 여겼을 거예요. 그렇지만 그가 생각하고 만들어 낸 발명품이 얼마나 대단한 것인지, 우리가 그에게 얼마나 고마워하고 있는지, 이제는 모두 알고 있지요. 만일 그가 시작하기도 전에 포기해 버렸다면 지금 우리 생활이 어떨지 상상이 가나요?

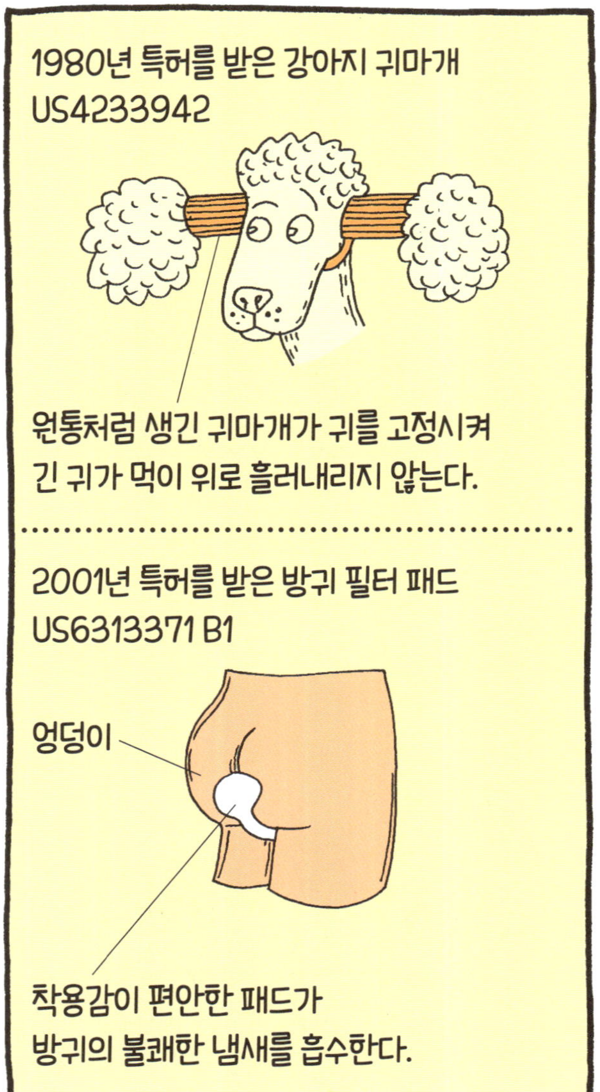

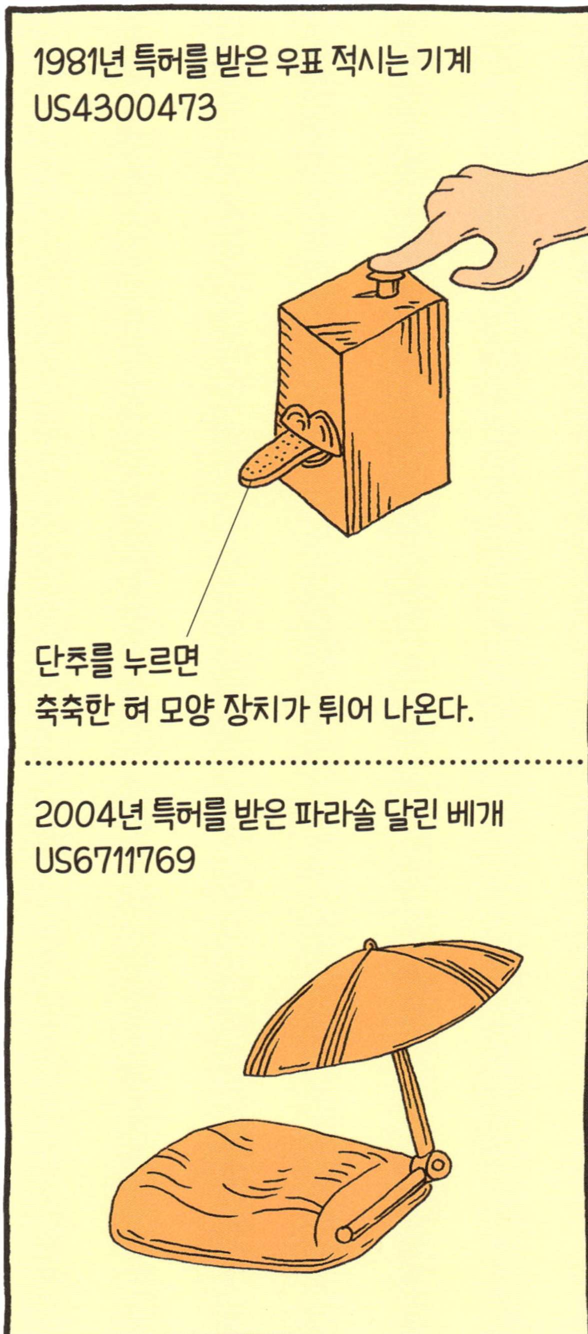

이 책에서 여러분은 레오나르도 다 빈치와 비슷한, 용기 있는 사람을 많이 만나게 될 거예요. 그리고 감탄하거나 웃게 되겠지요. 왜냐하면 그들이 만든 것은 천재적이기도 하지만, 가끔은 장난스럽기도 하거든요. 그래도 항상 창의성과 열정, 인내심을 보여 준답니다. 한번 생각해 보세요, 이런 사람들이 없다면 세상이 얼마나 따분할까요? 우리가 매일 사용하는 발명품들이 만들어지기나 했을까요?

여러분은 혹시 발명을 해 본 적 있나요? 그렇다면 어서 특허청으로 달려가세요. 그곳에서는 공무원들이 발명품을 평가하고 있어요. 발명품이 꼭 대단할 필요는 없어요. (여러분의 발명품이 장난감 기계인지, 여객용 로켓인지 중요하지 않다는 뜻이죠.)

발명품은 독창적이고, 작동이 잘 되어야 하고, 만들기 쉬워야 해요. 만약 여러분의 발명품이 이런 조건을 갖추고 있다면 특허를 받을 수 있어요. 정해진 기간 동안 그 발명품을 이용할 수 있는 권리(한국에서는 20년)를 인정받는 거죠.

특허를 받으면 발명가는 자신의 발명품을 직접 만들어 팔 수도 있고, 자기 아이디어를 다른 사람에게 팔 수도 있어요. 그러나 특허권을 보장받는 기간이 지난 뒤에는 모든 사람이 그 아이디어를 자유롭게 사용할 수 있답니다. 이렇게 발명의 세계는 발전해 가고 있지요. 그러니까 여러분도 발명을 시작해 보세요! 분명 즐거울 거예요.

고대 신전의 자동문

1세기

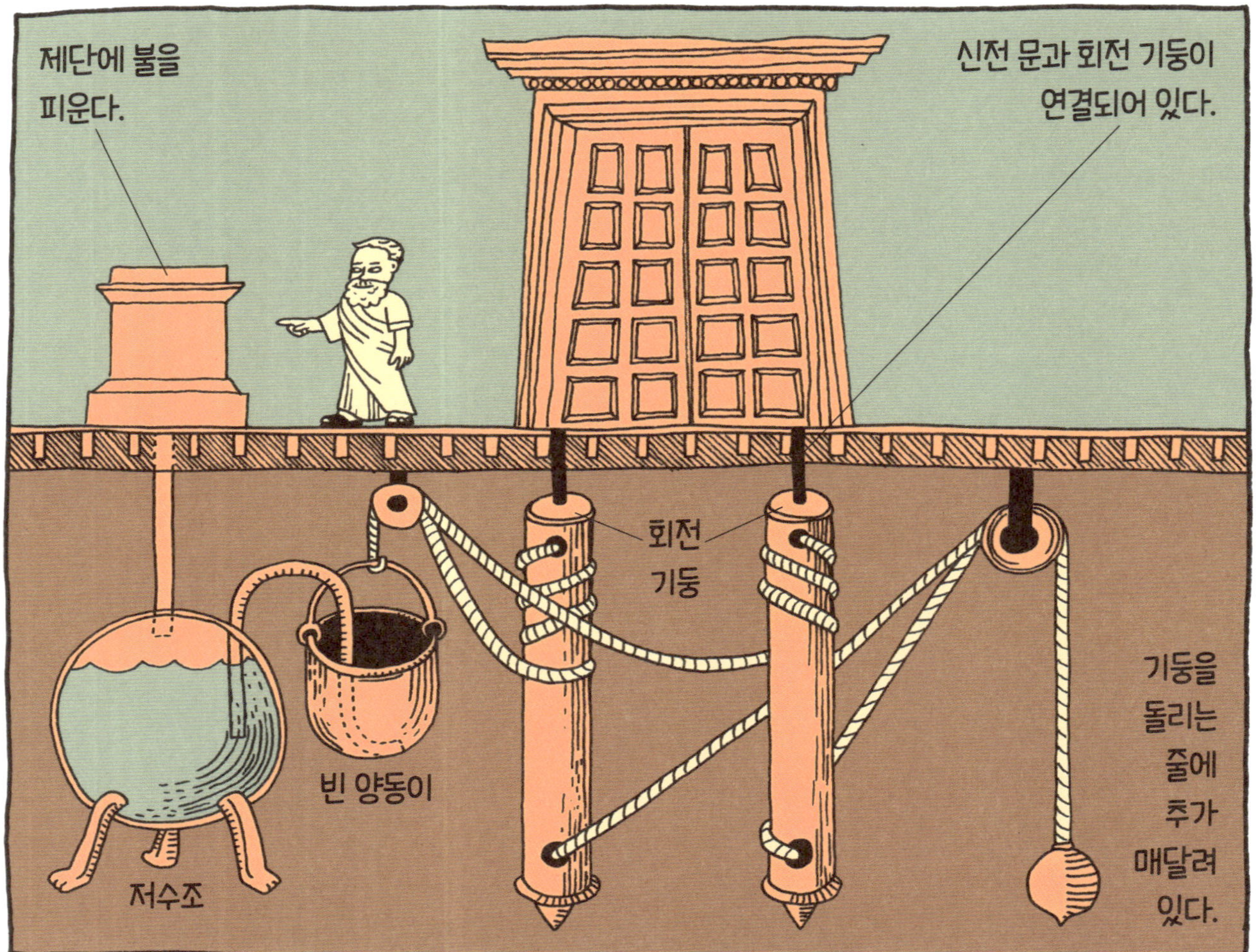

요즘은 관공서나 공항, 백화점 같은 빌딩 앞에서 자동문을 흔하게 볼 수 있어요. 문이 저절로 열려도 아무도 놀라지 않지요. 문이 초자연적인 힘에 의해 열린다고 생각하는 사람은 아마 한 명도 없을 거예요. 왜냐하면 문이 스르륵 열리는 건 센서 때문이라는 것을 아니까요.

약 2,000년 전, 사람들은 저절로 열리는 신전 문을 보고 감탄했어요. 하지만 동시에 두려워하기도 했지요. 사람들은 신관이 불러 낸 보이지 않는 신이 문을 열어 준다고 믿었거든요.

저절로 열리는 신전 문은 이집트 알렉산드리아에서 태어나 그리스에서 활동한 수학자이자 물리학자, 발명가인 헤론이 만들었어요.

물이 담긴 양동이, 두 개의 기둥, 몇 미터 가량의 줄. 이것이 바로 고대 그리스 신전 자동문의 비밀이었답니다.

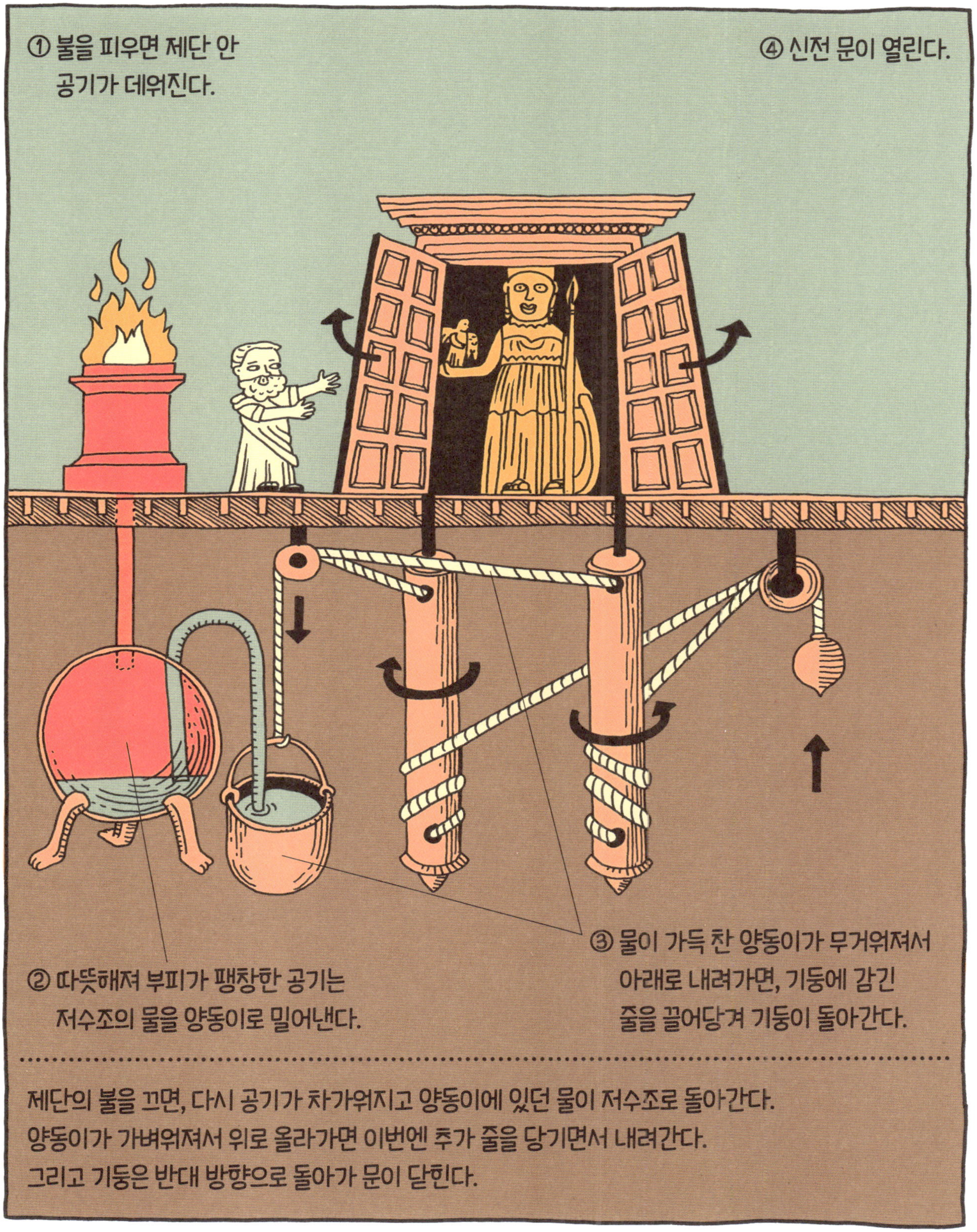

제단의 불을 끄면, 다시 공기가 차가워지고 양동이에 있던 물이 저수조로 돌아간다. 양동이가 가벼워져서 위로 올라가면 이번엔 추가 줄을 당기면서 내려간다. 그리고 기둥은 반대 방향으로 돌아가 문이 닫힌다.

멍청한 인간들
같으니라고.
우와……
대단하군!
히히히!
문이 저절로 열려!

왜 저렇게
야단법석이지?
이건 분명
저주일 거야.
신들이 우리를
부르는 걸까?

하늘을 나는 용

1647년

옛날 아주 먼 옛날, 어느 추운 2월의 새벽에 폴란드 바르샤바 왕궁 위로 용이 나타났어요. 판타지 소설이냐고요? 아니요, 진짜 용 말이에요. 비록 기계로 만든 용이긴 했지만요. 용의 몸길이는 1.5미터 정도로 그렇게 크지는 않았어요. 용의 몸통에는 바퀴와 손잡이, 스프링이 달려 있었고요.

폴란드에 살고 있던 이탈리아의 건축가이자 발명가인 티토 리비오 부라티니는 당시 연구하고 있던 거대하고 복잡한 구조의 하늘을 나는 기구를 용 모양으로 작게 만들었어요.
그가 용을 만든 이유는 폴란드의 왕 브와디스와프 4세에게 보여 주기 위해서였어요. 자신의 아이디어를 선보이고 왕에게 500탈러(탈러는 15~19세기 유럽에서 사용되던 은화랍니다)라는 큰돈을 지원받을 생각이었죠. 그 돈으로 더 큰 기계를 만들려는 계획이었습니다.
왕에게 선보인 용에는 사람 대신 고양이를 태웠고, 비행은 성공한 것처럼 보였어요. 하지만 안타깝게도 두 번째 비행에서 사고가 일어나 높은 곳에서 추락하고 말았답니다. 그래도 부라티니는 포기하지 않고 용을 만들기 위해 계속 노력했다고 해요.
그는 하늘을 나는 용을 결국 완성하지 못한 것 같아요. 설사 만들었더라도, 그 용이 하늘 위로 뜰 수는 없었을 거예요. 너무 무거웠을 테니까요.

고양이가 용을 타고
하늘을 나네?
덤벼라,
괴물아!
야옹~
괴물이 내 고양이를
납치해 갔어!
저건 어디서
살 수 있지?

500탈러를 주면 당신의 왕국에 큰 용을 만들어 드리겠소.
흠, 글쎄…….
누가 저기 타고 싶겠어.
차라리 나한테 500탈러를 주는 게 나을걸.

공기방울 문자메시지

1809년

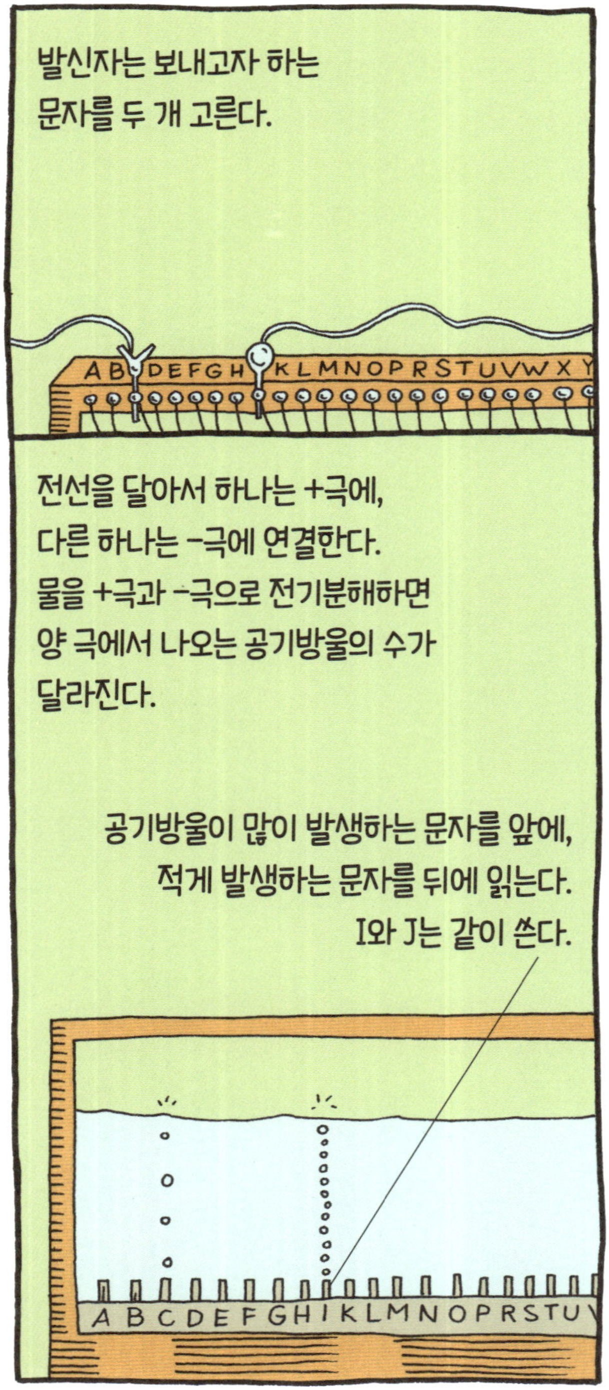

오늘날에는 스마트폰이나 휴대전화로 빠르고 편하게 메시지를 보낼 수 있지요. 하지만 옛날에는 상상도 할 수 없던 일이에요.

이 기계를 이용해서 보낸 메시지를 읽는 사람을 보면 마치 마법사 같아요. 물이 담긴 큰 수조를 지켜보고 있자면, 그곳에 비밀스런 기호가 나타나서 찍히거든요. 하지만 이건 마법사의 마법이 아니라, 19세기 초 우체국에서 볼 수 있었던 장면이랍니다.

바로 폴란드 토룬 출신의 물리학자이자 의사였던 사무엘 죄머링의 발명품이지요. 그가 200여 년 전에 발명한 이 기계는 전기와 화학의 원리를 이용한 전보

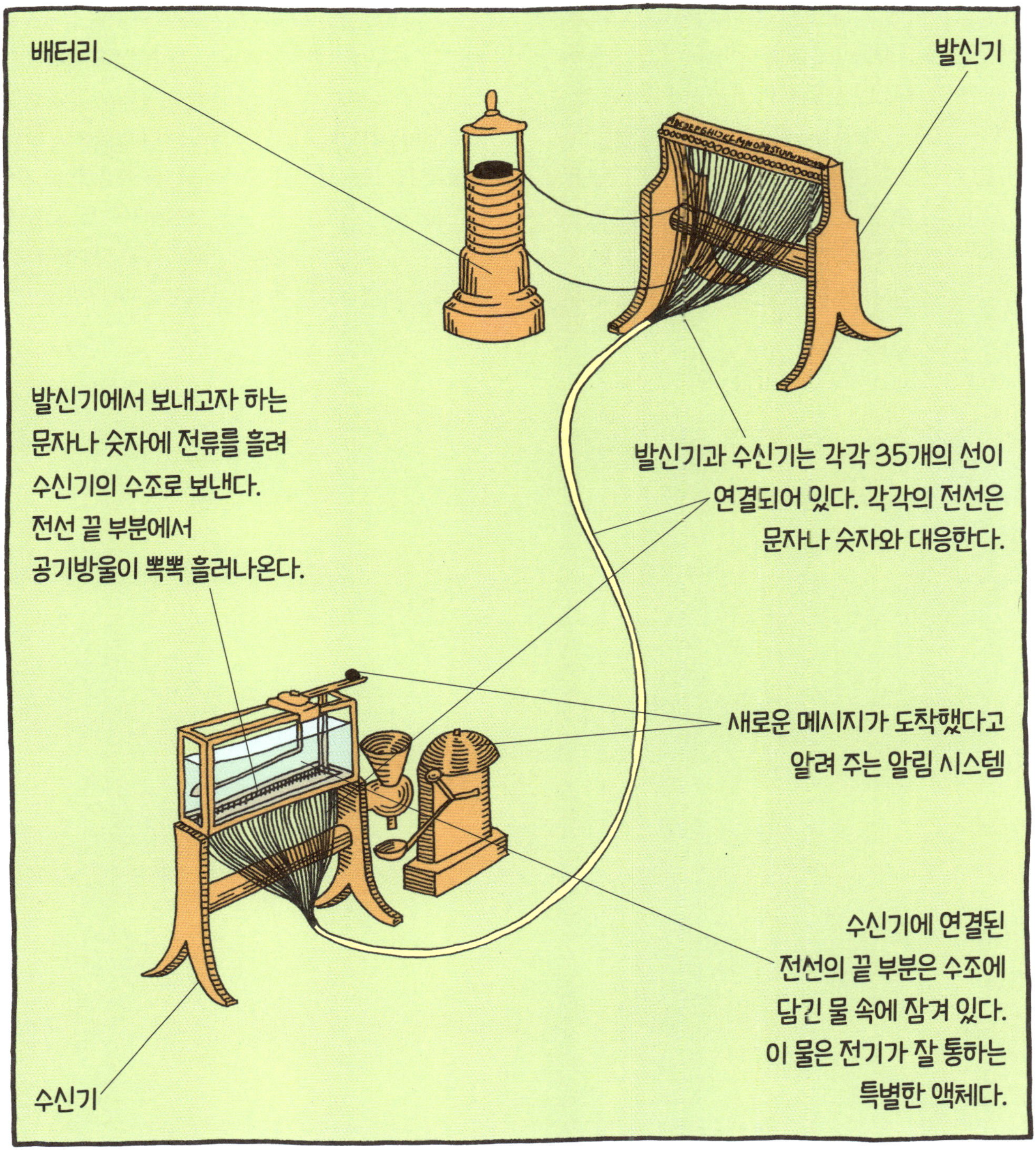

장치예요. 서로 연락을 주고받을 수 있는 장치 중에서도 오래되고 신기한 발명품이지요.

그러나 이 발명품은 사람들에게 인정받지 못했어요. 발신자와 수신자가 멀리 떨어져 있을 경우에는 사용하기 힘들고, 메시지를 다 읽으려면 시간이 너무 오래 걸렸기 때문이에요.

그냥 창문을 열고 소리 지르는 게 더 낫지 않아?
조용히 해! 네가 발명에 대해 뭘 알아?
오! 대단한데.
공기를 이용해 메시지를 보낸다니 믿어져?
저 선은 뭐지?

BABO
이제…… B,
그리고 O……,
바보?
메시지가 왔어.
무슨 말인지
모르겠는데?
아직 다 안 와서 그래.
속도가 느려.

여행용 수레바퀴차

15~16세기

오른쪽 그림을 먼저 봐 주세요. 놀이동산에서 볼 수 있는 다람쥐통과 대관람차 의자를 합친 것처럼 생겼네요. 이게 뭘까요? 신성로마제국 막시밀리안 1세의 탈것, 그 이상도 그 이하도 아니에요.

약 500년 전, 유럽의 절반을 다스렸던 막시밀리안 1세는 여기저기 많이 돌아다녀야 했어요. 마차에 앉아 오랫동안 이동하는 게 지루했던 황제는 마차 대신 자신이 생각해 낸 수레바퀴차를 타고 다니고 싶

어 했죠. 이 차는 말이 아닌 사람의 힘으로 움직이는 구조였어요. 황제의 아이디어를 전해 들은 노예들은 깜짝 놀랐어요. 전혀 실용적이지 않았으니까요. 노예들은 그 일이 일어나지 않기만을 바랄 뿐이었습니다. 이 수레바퀴차가 실제로 만들어졌는지는 알 수 없어요. 그저 당대의 특출한 예술가인 알브레히트 뒤러의

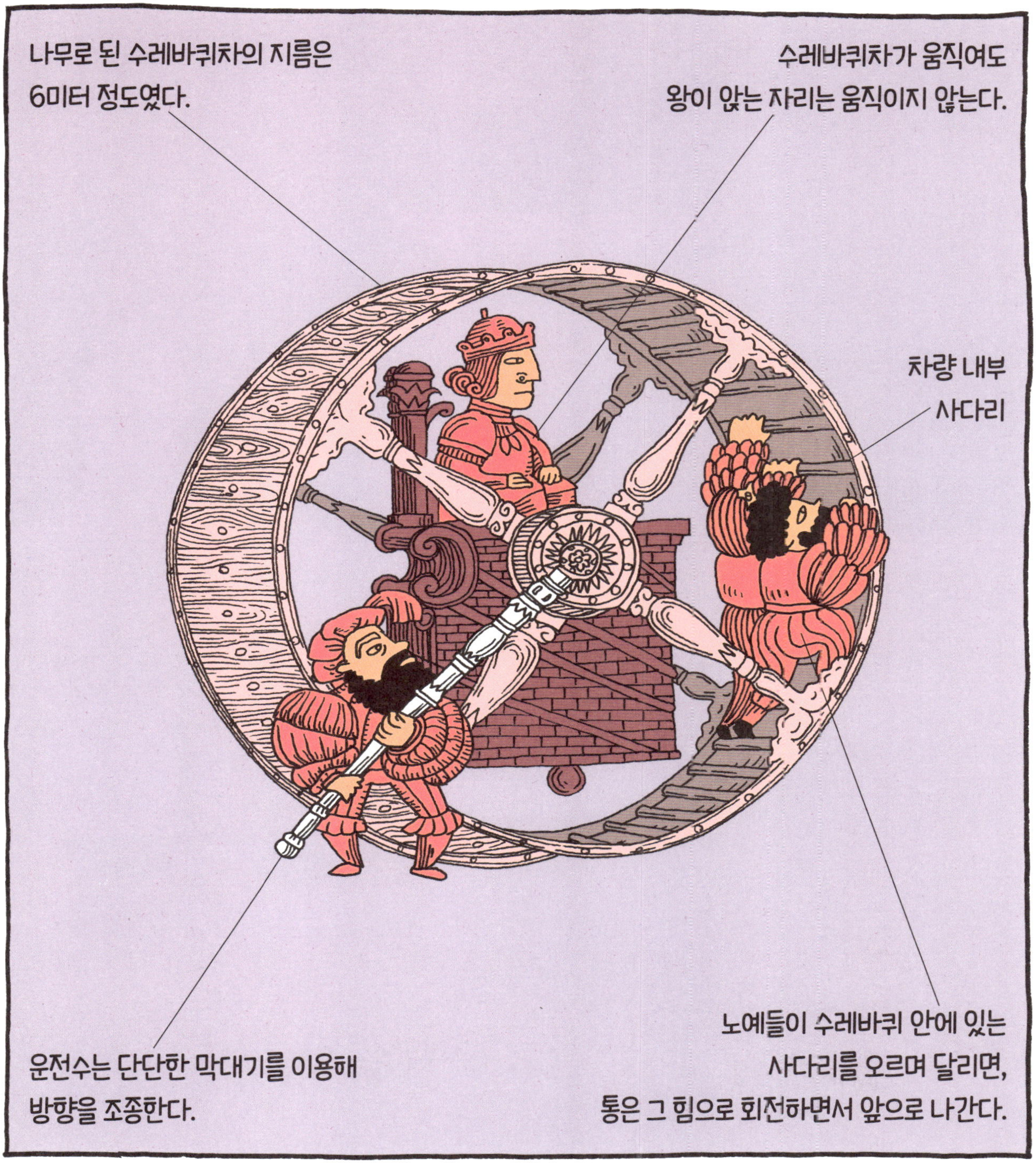

그림에서 자취를 찾아 볼 수 있을 뿐이랍니다.

오늘날 수레바퀴차를 타고 가족 여행을 떠난다고 상상해 보세요. 엄마는 왕처럼 의자에 앉아 있고, 아빠는 옆에서 방향을 조종하며 달리고, 아이들은 다람쥐처럼 통을 굴리는 거죠. 지루할 틈은 없을지도 모르겠네요.

아차, 브레이크 만드는 걸
깜빡했네!

이게 무슨 소리지?
멈추라고 하는 거 같은데?

체스 인형

1769년

요즘은 기계가 체스를 두는 게 전혀 신기한 일이 아니지요. 1990년대에 미국의 IBM사가 개발한 체스용 컴퓨터 '딥블루'는 20세기 세계 체스 챔피언이었던 게리 카스파로프를 이기기도 했어요. 그런데 앞서 18세기 유럽에도 '터키 사람'이라는 별명이 붙은 체스 두는 인형이 있었답니다. 이 체스 인형은 당시에 큰 인기를 끌었어요. 인형을 만든 사람은 헝가리의 기술자이자 철학자인 볼프강 폰 켐펠렌으로, 합스부

르크 공국의 여왕이었던 마리아 테레지아의 궁전에서 처음 이 체스 인형을 선보였어요. 덕분에 켐펠렌은 왕국에서 가장 위대한 발명가라는 명예를 얻게 되었지요. 켐펠렌과 그의 형제들은 체스 인형을 가지고 유럽 곳곳을 순회했고, '터키 사람'은 생각하는 기계로 알려져 더 큰 화제가 되었어요. 나폴레옹을 포

함한 수많은 체스 애호가들이 이 인형과 체스 실력을 겨루고 싶어 했어요. 왜냐하면 '터키 사람'은 거의 진 적이 없었거든요.

체스 인형에 도전한 사람들은 대부분 패배했답니다. 약 300번 가량의 대결에서 '터키 사람'은 겨우 여섯 번 정도만 졌다는 기록이 남아 있어요. 와! 진짜 완벽

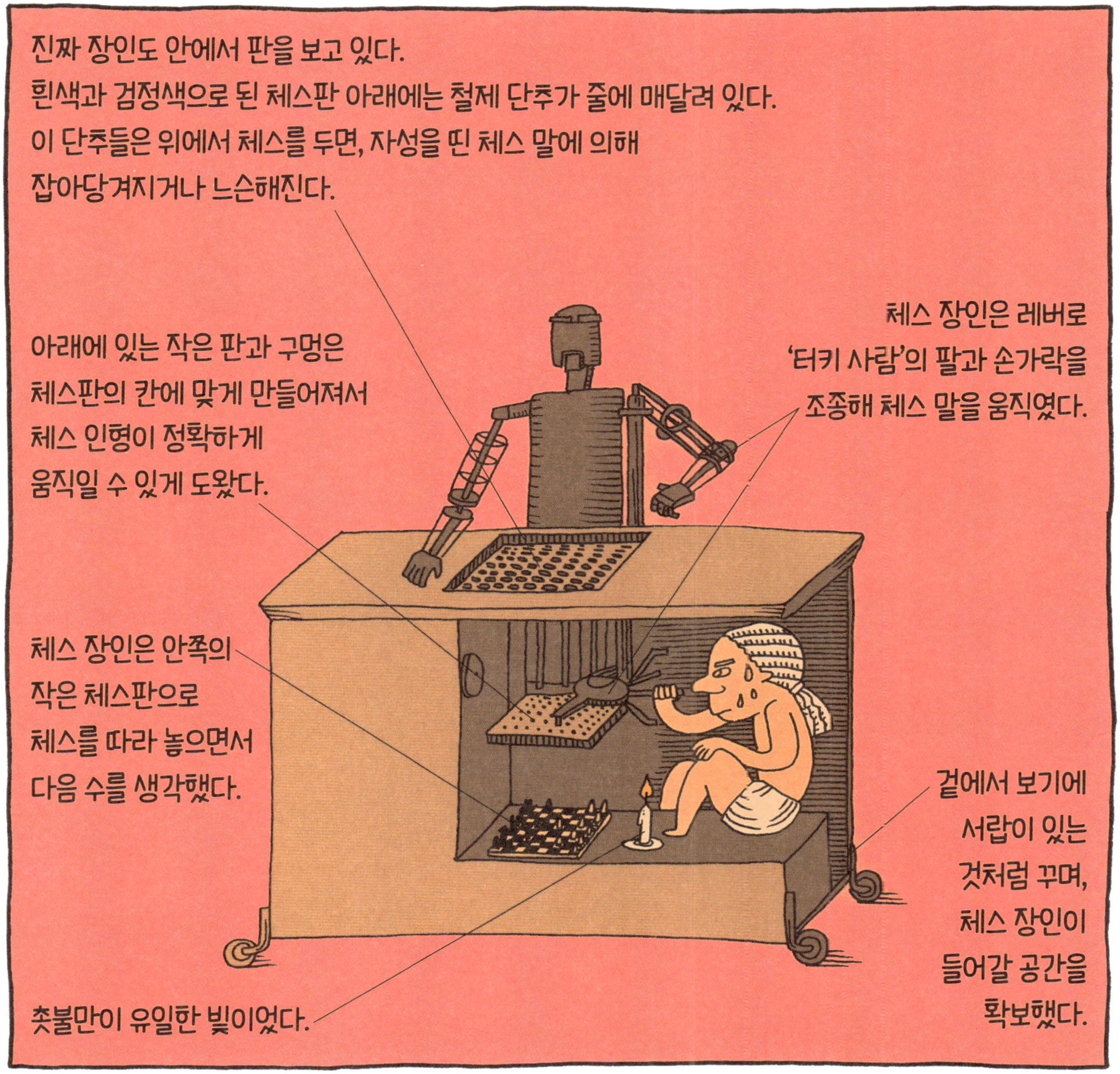

한 체스 인형이었던 거죠. 그런데 사실 그 기계는 스스로 생각을 하며 체스를 둔 게 아니었어요.

기계 안에 들어가서 대결을 하는 조건으로 큰 대가를 받은 체스 장인들이 '터키 사람'의 비밀을 누설하지 않은 거죠. 하지만 결국 진실은 드러났어요. 1834년 프랑스의 한 신문에 의해 거짓이 밝혀졌답니다.

나폴레옹은 그림에서보다
더 작아 보여.
궁지에 몰린
모양이군.
쉿! 그렇게
크게 말하지 마.
이건 악마의
장난일 거야!
한 수만 더 두면
인형이 이기겠네.

이제 끝난 것 같은데…….
인형이 나폴레옹을 이기면
프랑스의 황제가 바뀌어야
하는 건가.
"체크."
에잇! 러시아와의 전쟁은
이 체스 경기에 비하면
별거 아니었군.
태엽을 조금 더
감아야 해요.

새 모양 열기구

1709년

지금부터 약 300년 전, 포르투갈의 왕 주앙 5세는 브라질에서 온 학자 바르톨로메우 데 구스마오로부터 무척 흥미로운 편지를 받았어요. 그 편지에는 '파싸롤라'라는 하늘을 나는 기구에 대한 간단한 그림과 설명이 담겨 있었어요. 그는 아이디어를 비밀로 유지하는 것이 중요했는지, 편지에 구체적인 내용까지 다 밝히지는 않았어요. 그래서 지금까지도 '파싸롤라'에 대해 자세히 알지는 못한답니다.

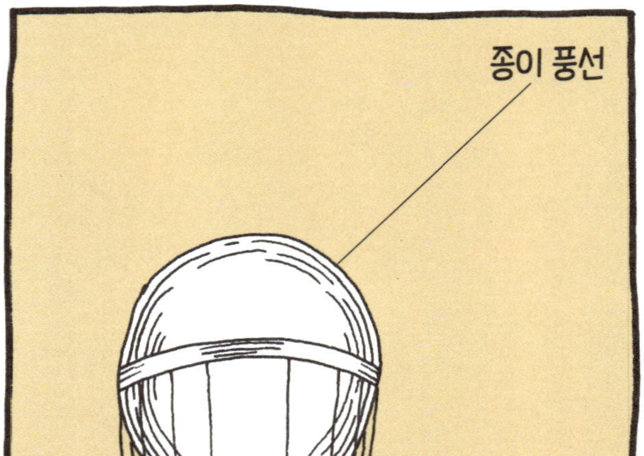

바르톨로메우는 왕에게 이 열기구를 만들기 위한 재정적인 지원과 지금의 특허에 해당하는 권리를 달라고 요청했어요. 왕은 망설이지 않고 동의했고요. '파싸롤라'는 그때까지 고안된 그 어떤 열기구보다도 가장 아름다운 모습이었기 때문이에요.

하지만 바르톨로메우는 사람들에게 '파싸롤라'를 공개하기 며칠 전 돌연 비행 계획을 취소했다고 해요. 왜 그랬는지 그 이유는 지금까지 아무도 알지 못한답니다.

선장님! 정말 멋져요. 이게 진짜라면 좋을 텐데 말이에요.
두고 보게, 74년 뒤에 현실이 될 테니까.
나랑 똑같이 생겼네?

이 공처럼 생긴 건
도대체 어디에
쓰는 거야?
음, 방향은
어떻게 바꾸지?
하늘을 날다니,
정말 꿈만 같아.
전 그냥 땅에서
꿈꿀래요.
너 이거 타고
공중회전 해 봤어?
안 돼.

개인용 구름 제조기

2012년

일부러 날씨를 망치는 장치라고요? 대체 누구를 위해, 무엇 때문에 만들어졌을까요? 도저히 영문을 알 수 없을 것 같은 이런 발명품도 우리에게 도움을 줄 수 있답니다.

강한 태양 빛으로부터 지구를 보호하는 오존층이 환경오염으로 인해 점점 얇아지고 있어요. 이 때문에 햇빛은 점점 강해지고 지구가 점점 뜨거워지고 있지요. 또한 빙하가 녹으면서 해수면이 상승하고, 기후 자체도 변하고 있어요.

이런 상황에서 구름은 지구에게 마치 양산 같은 역할을 해요. 하지만 구름이 항상 하늘에 떠 있는 건 아니잖아요. 이를 해결하고자 폴란드 출신의 예술가로 현재 미국에 살고 있는 카롤리나 소베츠카는 개인용 구름 제조기를 만들었어요. 우리가 살고 있는 별을 보호하고 싶어 하는 사람들은 맑은 날에도 구름을 만들어 지구를 지킬 수 있게 된 것이죠.

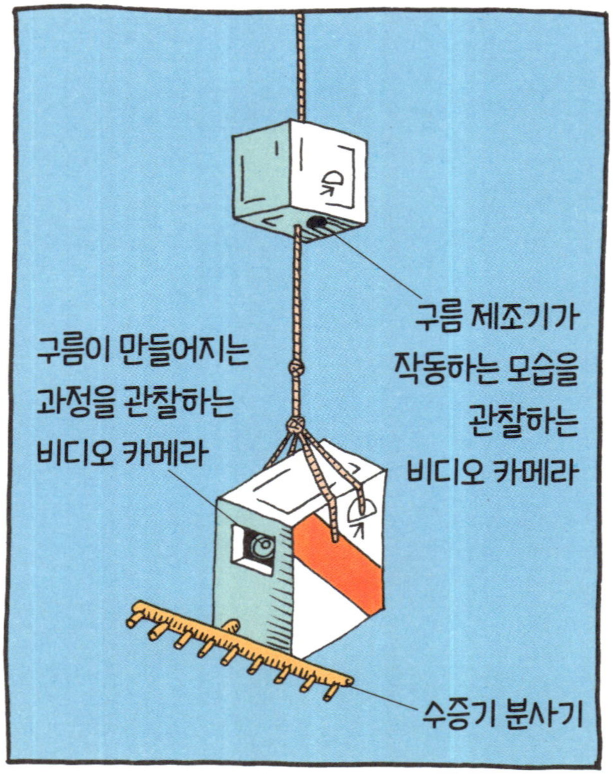

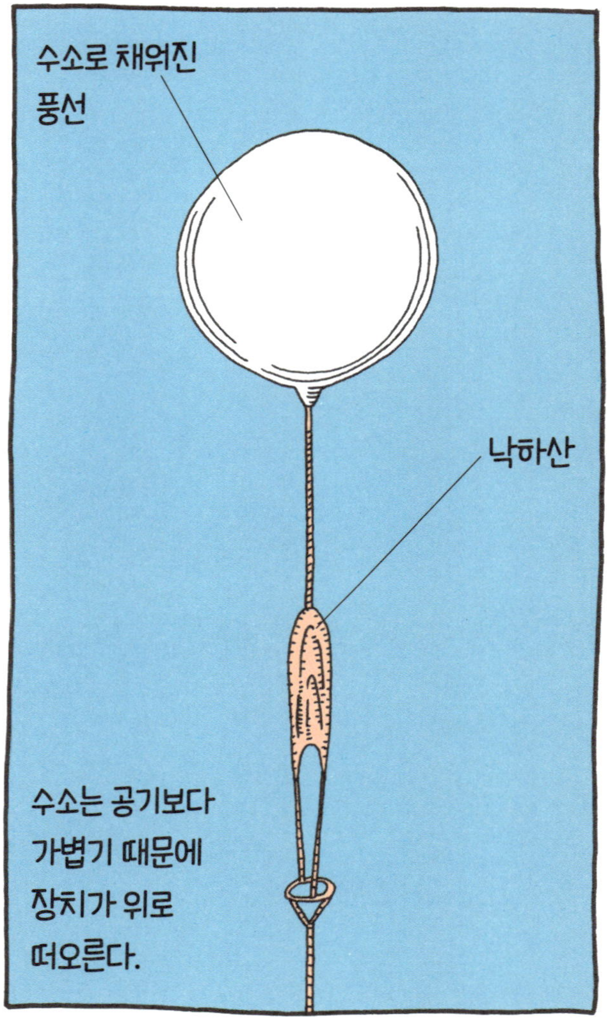

그러나 지구를 가릴 수 있는 새털구름, 쌘구름, 층구름 등 다양한 구름을 만들어 내려면 카롤리나는 자신의 발명품을 좀 더 개선해야겠네요.

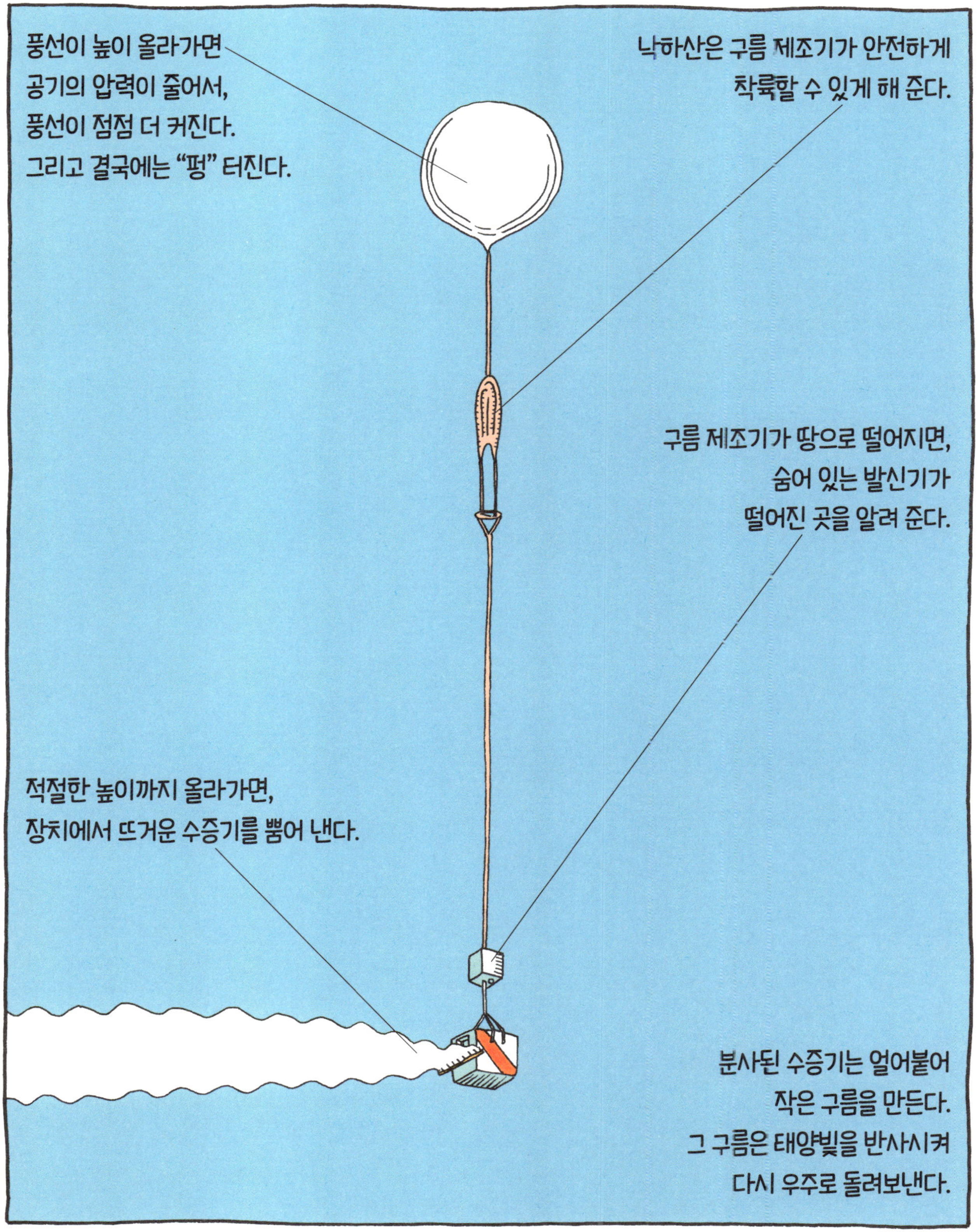
풍선이 높이 올라가면
공기의 압력이 줄어서,
풍선이 점점 더 커진다.
그리고 결국에는 "펑" 터진다.
낙하산은 구름 제조기가 안전하게
착륙할 수 있게 해 준다.
구름 제조기가 땅으로 떨어지면,
숨어 있는 발신기가
떨어진 곳을 알려 준다.
적절한 높이까지 올라가면,
장치에서 뜨거운 수증기를 뿜어 낸다.
분사된 수증기는 얼어붙어
작은 구름을 만든다.
그 구름은 태양빛을 반사시켜
다시 우주로 돌려보낸다.

내 선글라스
진짜 멋있지?
음, 모르겠는데.
저기, 해수욕장에선
구름이 필요없지 않아요?
너무 많이
태웠나?

자기,
어디 있어?
햇볕에 좀 태우니까
살 것 같아.
반대쪽도
태워 볼까?

물시계

기원전 3세기

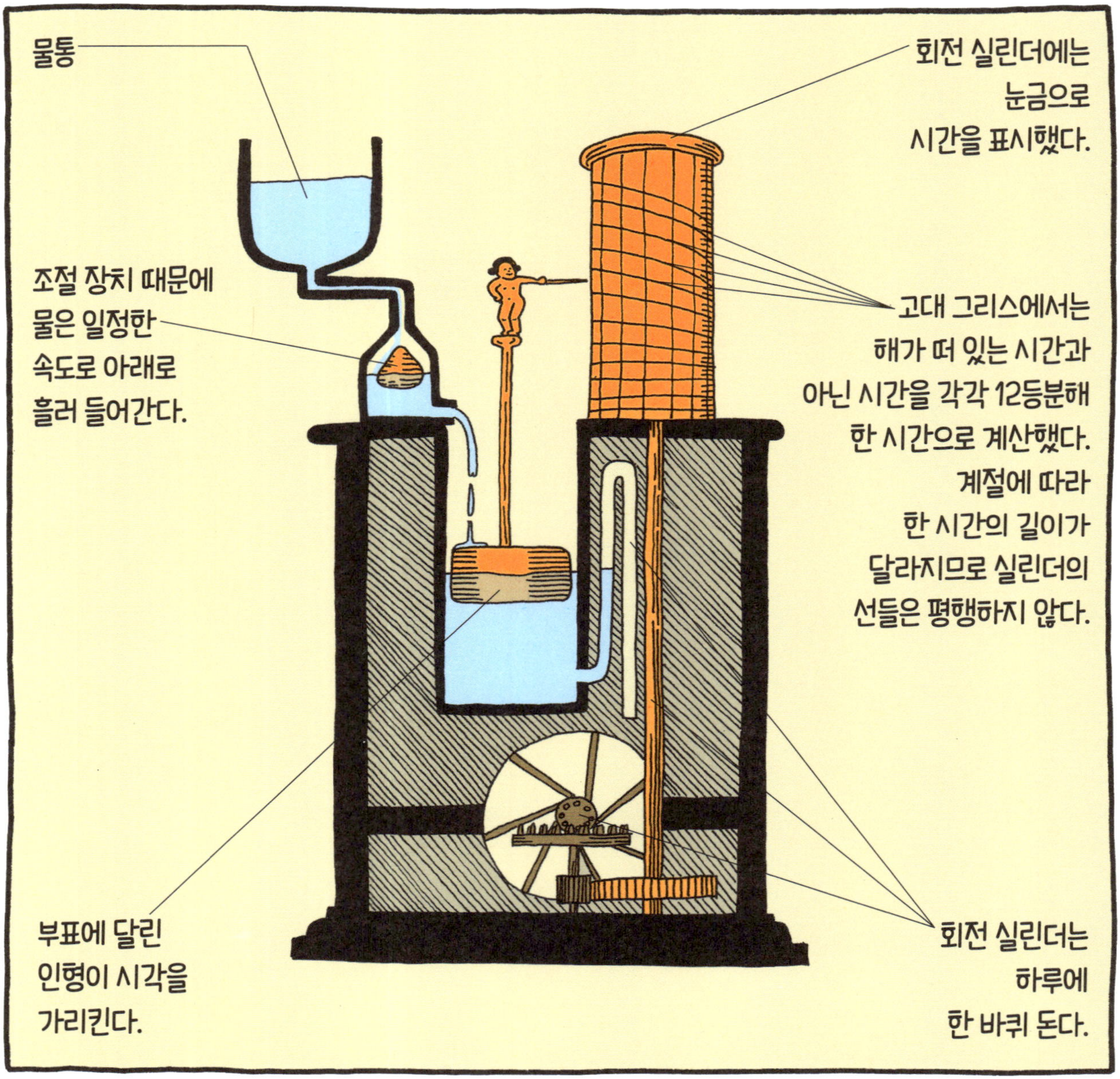

사람들은 '시간이 흐른다'는 표현을 사용합니다. 이건 우연이 아닐지도 몰라요. 왜냐하면 옛날 사람들은 물이 흐르는 것을 이용해 시간을 재는 물시계를 사용했기 때문이에요. 다만 항상 같은 양의 물이 흐르게 하는 방법을 찾는 것은 무척 어려웠기 때문에 물시계의 정확도가 아주 높지는 않았다고 해요.

2,300년 전, 이집트 알렉산드리아에서 활약한 그리스의 발명가 크테시비오스는 아주 정확하게 작동하는, 복잡한 구조의 물시계를 발명했어요.

크테시비오스는 나중에 물시계에 다양한 특수 효과도 추가했는데요. 부표가 위로 뜨면서 기계를 작동시켜 인형을 움직이게 하거나 소리가 나게 했어요. 그 중에서 노래하는 새가 달린 물시계가 특히나 인기가 있었는데요, 이것이 오늘날 뻐꾸기시계의 조상이랍니다.

누가 저 사람 좀 깨워 주시오! 대체 뭐 하는 거람?

난 하루 종일
이렇게 있을 수 있어.
시계에 물 채우는 걸
잊은 거 아냐?
시계가 멈춘 것 같아.
더 무서워하는
표정을 지어 봐요!
여러분!
한 시간만 더 참아 줘요.
난 좀 더 있어도
괜찮아.
그러고 나서
뱀을 조각할 테니까.

풍력 자동차

1600년경

17세기 초, 네덜란드 북부의 바람이 강하게 부는 해변가에서는 범선과 짐마차를 합친 듯한 모양의 풍력 자동차를 탈 수 있었어요. 이 돛을 단 자동차는 당대 가장 뛰어난 학자로 손꼽히던 플랑드르(네덜란드, 벨기에, 프랑스 지역)의 기술자이자 수학자 시몬 스테빈이 당시 네덜란드 총독이었던 마우리츠 공작의 요청을 받고 만들었어요.

그가 발명한 풍력 자동차는 말과 같은 동물의 힘을 빌리지 않고 자연의 힘인 바람만으로 움직이는, 역사상 최초의 발명품이었어요. 심지어 말이 끄는 마차보다 세 배나 빠른 시속 50킬로미터의 속도로 달릴 수 있었어요. 당시 사람들에게는 아찔하게 느껴질 정도로 빠른 속도였지요.

처음 만들었던 시험용 자동차는 강한 바람 때문에 뒤집어졌대요. 그래서 스테빈은 차의 중심을 잡아 주는 토대를 더 크고 무겁게 만들었어요. 결과는 대성

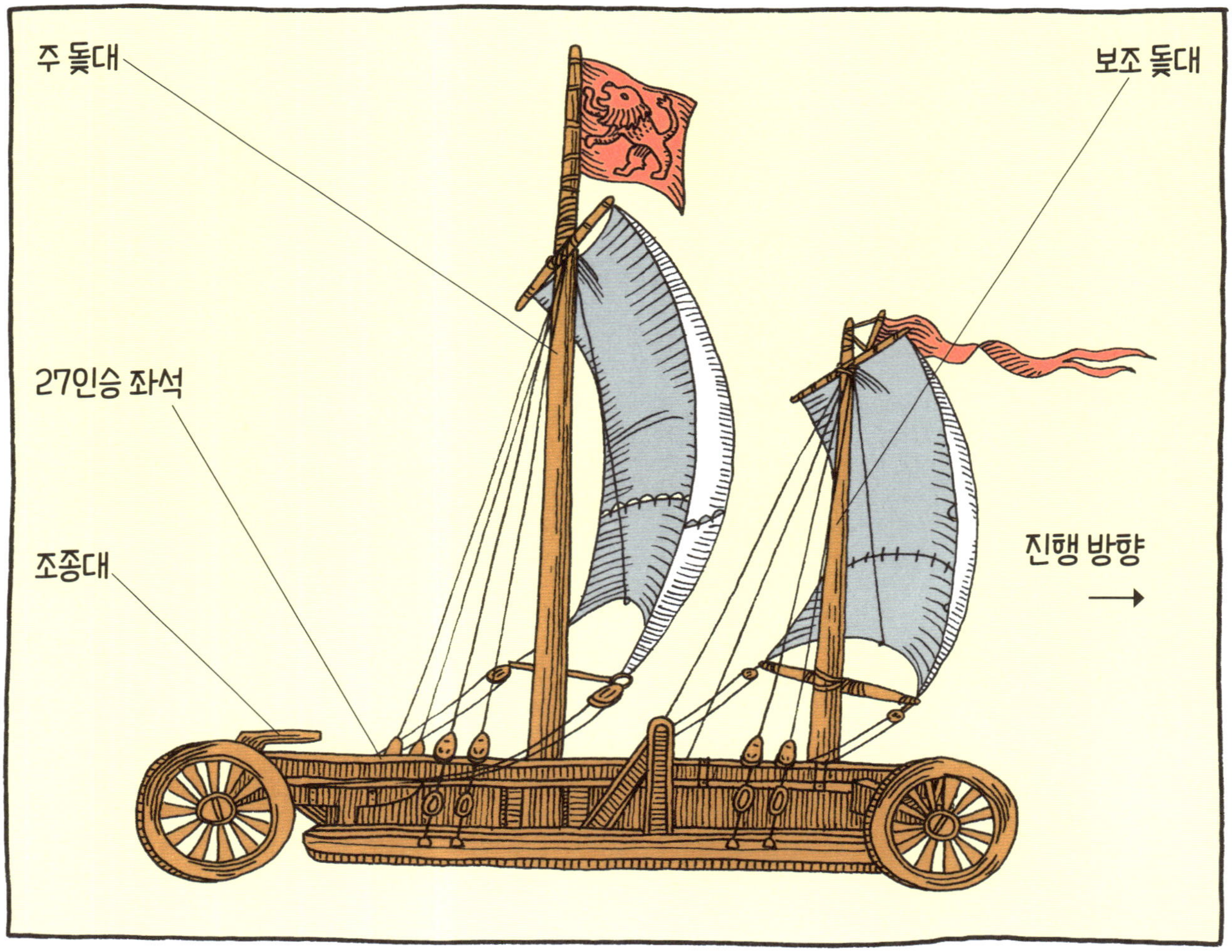

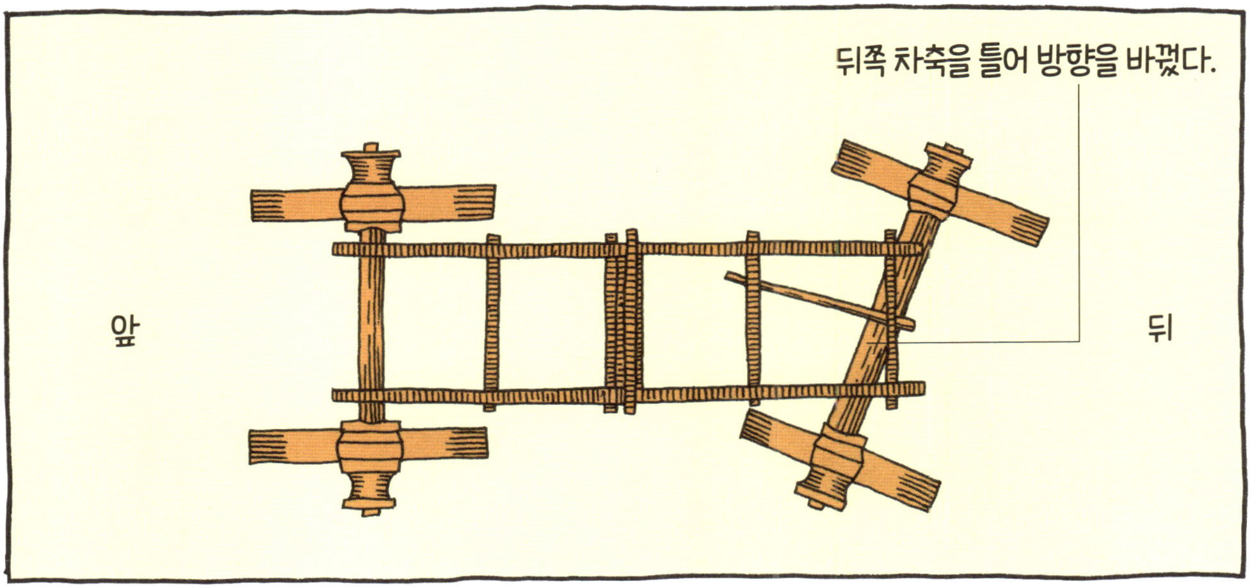

공이었죠. 풍력 자동차의 무게를 늘려서 균형을 잘 잡을 수 있도록 했던 거예요.

풍력 자동차는 65킬로미터나 떨어진 바닷가의 두 지역, 스헤페닝겐과 베텐을 정기적으로 오가는 이동 수단으로 활용되었어요. 이 차를 타고 목적지까지 가는 데에는 한 시간 정도 걸렸다고 해요.

현재 이 풍력 자동차는 처음 만들어졌을 때의 모양을 본뜨고 크기를 줄여 일인용 차량으로 개량해 '육상 요트(랜드세일링)'라는 스포츠로 즐기고 있어요.

저걸 타고 낚시를 할 수
있을지 궁금한데…….
내 발명품은 항상
제대로 작동하지!
앞으로는 대체
뭘 발명할까?
우와! 꽤 빠른데?

27명이나 탔는데도
말을 앞질렀어!
말보다 빠르다니!?
말도 안 돼!
바퀴 달린 배라니,
거참 신기하군.

무선 발전 시스템

1905년

괴짜일까요, 천재일까요? 니콜라 테슬라에 대한 논쟁은 지금도 계속되고 있어요.

테슬라는 세르비아 출신의 발명가로 19~20세기에 미국에서 주로 활동했어요. 그는 활발한 연구를 통해 미국에서만 125여 개에 달하는 특허를 등록했어요. 특이하게도 외계인과의 교신에 성공했다고 주장하기도 했지요.

테슬라의 아이디어 중 가장 기발한 것은 전선 없이 전기를 이용하겠다는 생각이었어요. 그는 지구 자기장을 이용하면 언제 어디에서든 공짜로 전깃줄도 없이 땅에서 바로 전기를 쓸 수 있다고 주장했어요. 하지만 아직까지도 사람들은 그가 의도했던 바가 무엇인지 정확하게 알지는 못해요. 테슬라의 연구 노트는 그가 죽은 뒤에 감쪽같이 사라지고 말았거든요.

테슬라는 사람들이 보는 앞에서 자신이 개발한 발전기 실험을 두 번이나 했어요. 그때 땅에서는 불꽃

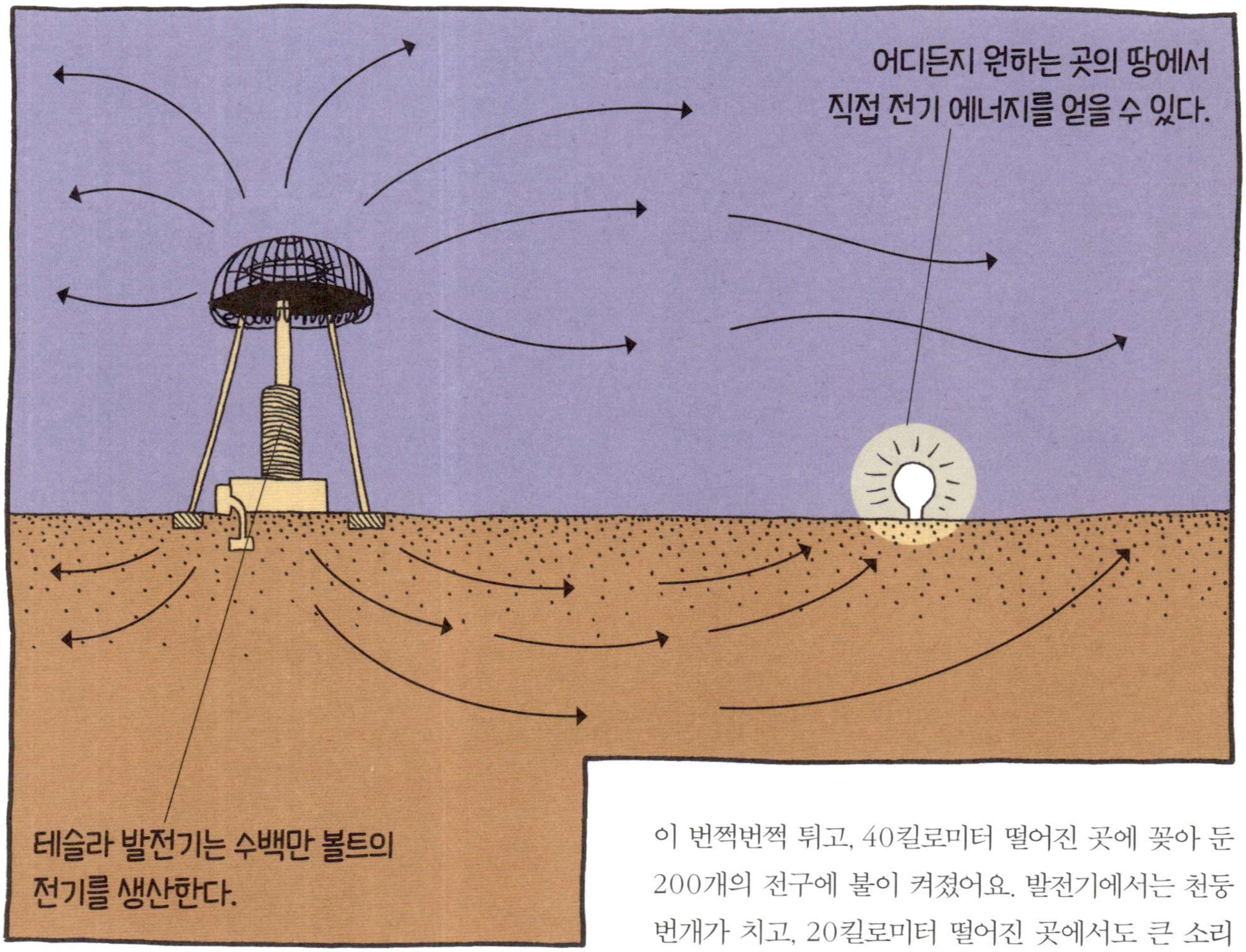

이 번쩍번쩍 튀고, 40킬로미터 떨어진 곳에 꽂아 둔 200개의 전구에 불이 켜졌어요. 발전기에서는 천둥 번개가 치고, 20킬로미터 떨어진 곳에서도 큰 소리

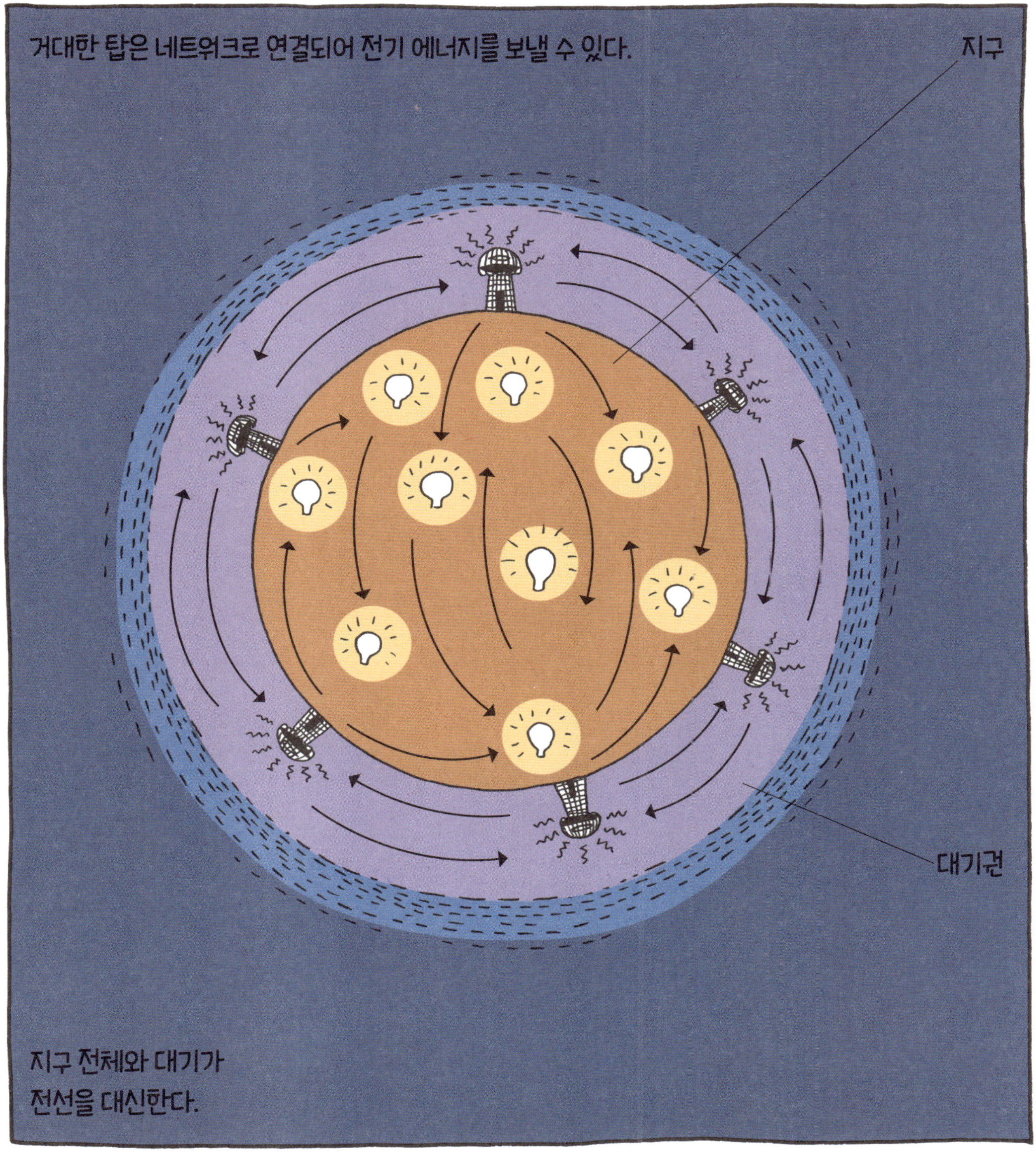

가 들렸다고 합니다.

미래 과학 연구의 가능성을 열었다는 평가를 받는 테슬라는 삶의 마지막 시기에 빈곤하게 살다가 세상을 떠났어요. 하지만 몇몇 사람들은 그가 자신의 마지막이자 위대한 발명품인 타임머신을 타고 어디론가 떠났다고 생각한답니다.

대성공!

증기 마차

1876년

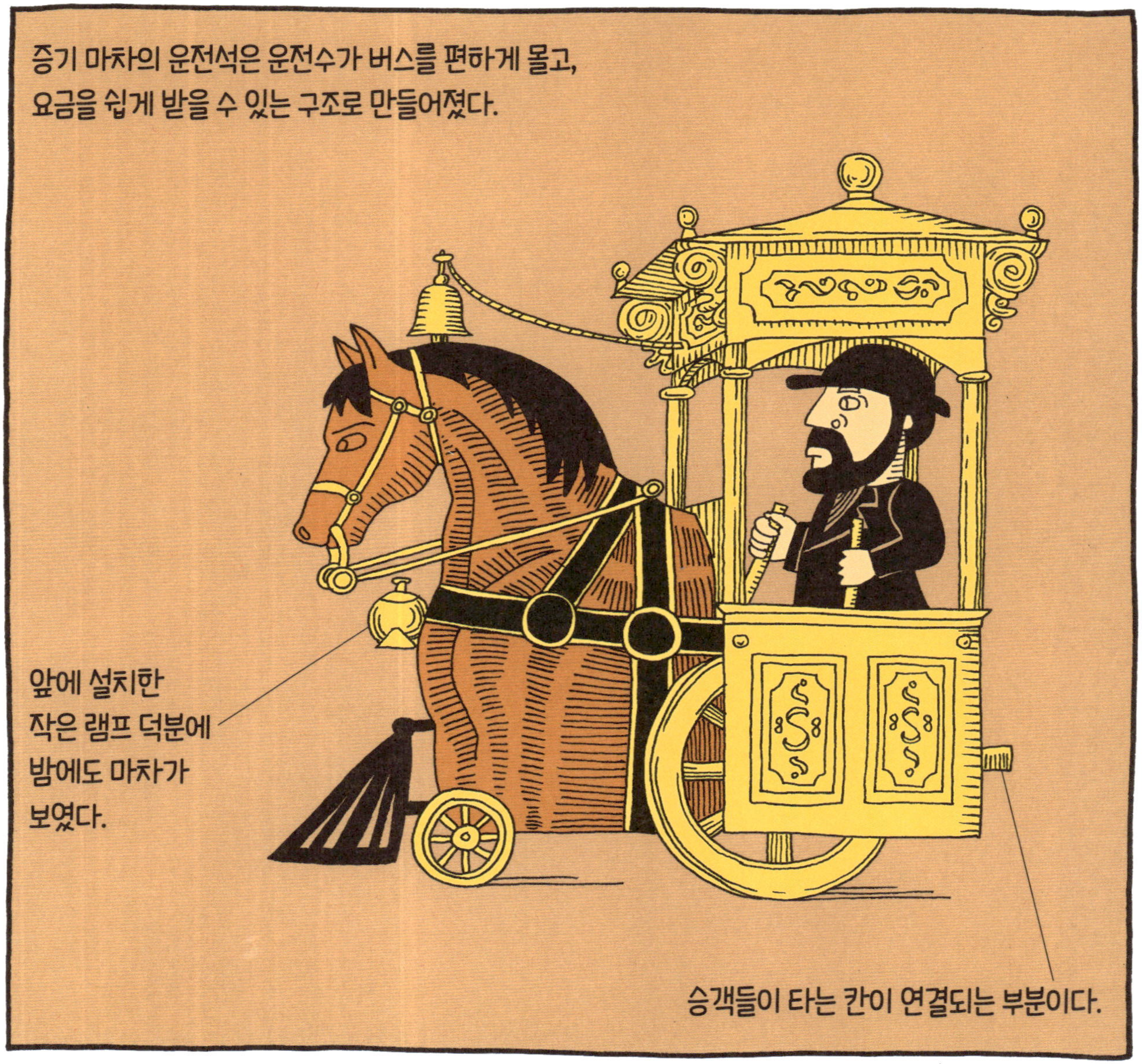

19세기 유럽의 도로에서는 말이 끄는 합승 마차를 쉽게 볼 수 있었어요. 여러 사람이 한꺼번에 이용할 수 있는 꽤 편리한 교통수단이었지요.

이후 증기 기관이 발명되자 증기로 달리는 합승 버스가 등장하기 시작했어요. 이 버스는 마차보다 빠르고 저렴해서 사람들이 더 편하게 이용할 수 있었어요. 하지만 사람들은 증기 버스를 좋아하지 않았어요. 왜냐하면 물이 끓으면서 나는 요란한 소리에 말이 겁을 먹거나 개가 놀라 짖으면서 어수선한 상황이 벌어졌기 때문이에요. 예민한 사람들은 놀라서 기절하기도 했고, 깜짝 놀란 아이들은 병에 걸리기도 했어요. 심지어 젖소들이 우우를 만들어 내지 못해서 우유 짜는 일이 중단되었고, 암탉들도 달걀을 낳지 않았대요.

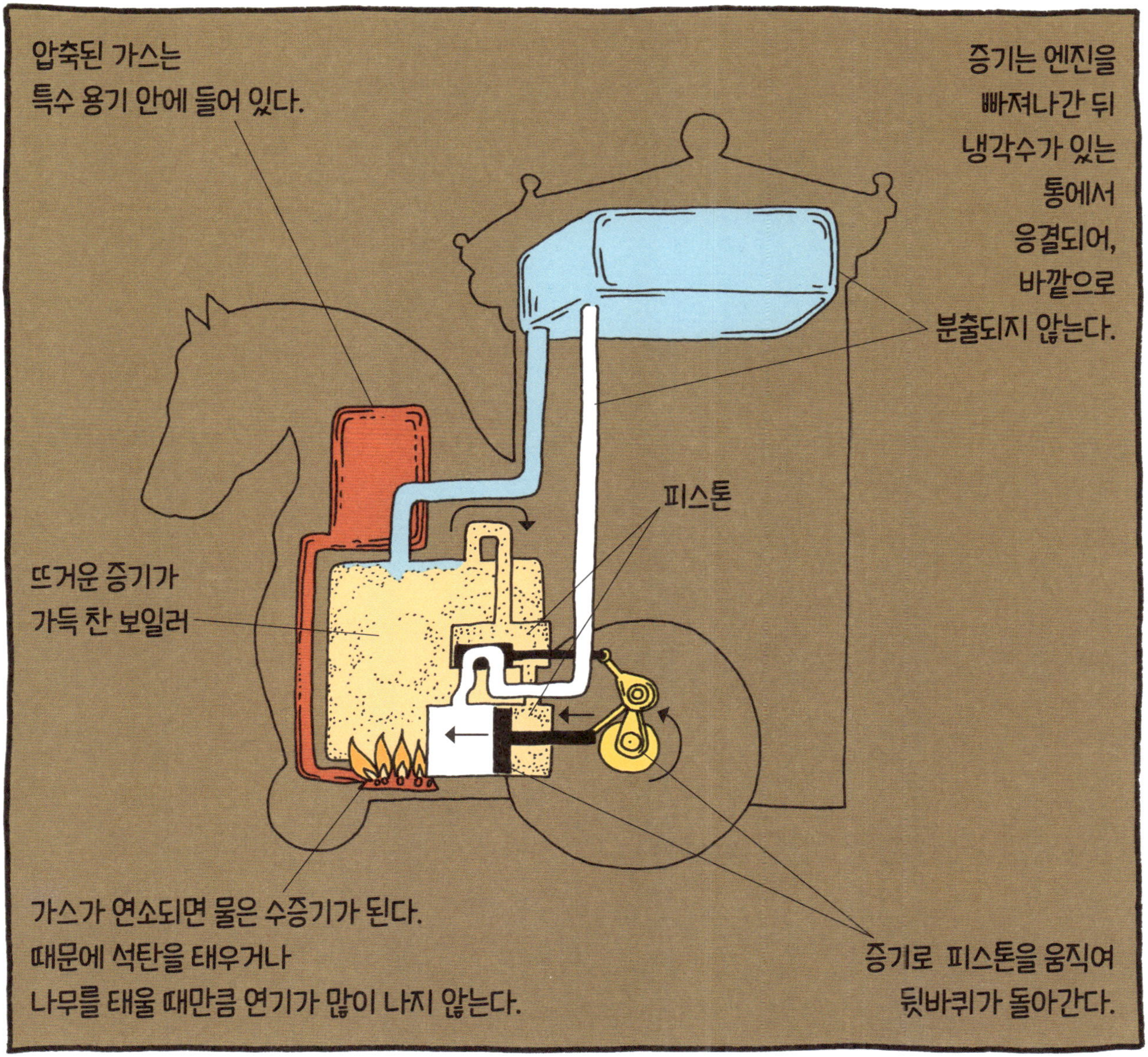

하지만 시대의 유행을 이끌고 싶어 하는 사람들은 그런 소동에 연연하지 않았어요. 미국의 발명가 세브라 R. 매튜슨은 사람과 동물 들이 무서워하지 않도록 약간의 아이디어를 추가했지요. 증기 버스의 겉모습을 합승 마차처럼 보이도록 바꾼 거예요. 말 인형 속에 증기 기관이 들어가 있는 증기 마차는 19세기 풍경과도 아주 잘 어울렸어요.

지금은…… 놀이공원에서 쓰면 좋지 않을까요?

제발 조용히 해!
잠 좀 자자!
그러니까!
너부터 조용히 해!
넌 말이니,
아니니?
비키세요!
증기 마차가 달려야 하니까요!

어머,
저게 뭐야?
바보야,
머리에 방울 단 거
안 보여?
THE

페달 없는 자전거

2012년

두 바퀴와 핸들, 그리고 프레임. 이것이 페달 없는 자전거, 플리츠의 전부예요. 플리츠는 자전거와 비슷하게 생겼지만, 자전거처럼 페달을 밟아서 움직이는 게 아니라 사람이 직접 발로 뛰어서 움직여야 해요. 독일의 톰 함브로크와 유리 스페터가 이 페달 없는 자전거를 개발했는데요. 몇백 년 전 독일인 카를 드라이스가 만들었던 발명품에서 영감을 얻었다고 해요. 약 200년 전, 카를 드라이스는 자전거의 할아버지

격인 '드라이지네'를 생각해 냈어요. 이 자전거는 두 바퀴를 이어 주는 프레임과 핸들, 그리고 안장으로 구성되어 있었어요. 사람이 직접 다리로 땅을 밀면서 움직이는 장치였지요.

플리츠의 작동 원리도 이와 비슷해요. 자전거를 타면서 동시에 달릴 수 있고, 발로 땅을 힘껏 밀고 나서 다리를 뒤로 쭉 뻗으면, 마치 하늘을 나는 듯한 기분도 느낄 수 있다고 하네요.

우와,
봤어?
멋지게
나는데!
너 그러다
떨어질 것 같아.
나는 한 발로
멈출 수도 있어.
앗, 공중회전은
계획에 없었는데…….

괜찮아, 난 할 수 있어! 할 수 있다고!
이 사진을 올리면 사람들이 '좋아요'를 많이 누르겠지.

하늘을 나는 요트

1663년

공기도 무게가 나간다는 것은 널리 알려진 사실이에요. 그래서 공기를 불어 넣은 풍선은 공기의 무게 때문에 아래로 떨어져요. 풍선 속 공기는 주변 공기와 같은 무게지만 고무로 만든 풍선의 무게까지 더해지기 때문이죠.

풍선을 띄우려면 풍선 안을 공기보다 가벼운 것으로 채워야 해요. 예를 들어 뜨거운 공기처럼요. 뜨거운 공기는 차가운 공기보다 밀도가 낮아서 같은 부피라도 더 가벼워요. 다른 예로 공기보다 가벼운 기체인 헬륨도 있고요.

열기구가 뜨는 원리도 이와 비슷해요. 뜨거운 공기를 이용한 초기의 열기구는 18세기에 등장했고, 헬륨 가스는 19세기에 발견되었어요.

열기구가 발명되기 전인 17세기, 이탈리아의 수학자이자 물리학자인 프란체스코 라나 데 테르치는 하늘을 날고 싶었어요. 어떻게 해야 할지 구체적인 방법은 몰랐지만 무작정 가벼운 것을 만드는 데 집중했지요. 그러다 보니 어느 순간 기발한 아이디어가 떠올랐어요. 공기보다 가벼운 배를 만들면 되겠다고요!

멋진 계획이죠? 하지만 안타깝게도 그의 아이디어는 실현되지 못했답니다. 왜냐하면 발명가가 만들고 싶어 했던 동그랗고 가벼운 구리 공은 그의 의도만큼 가볍지 않았거든요.

지금까지 공을 만들기 위한 적당한 재료가 무엇인지는 아무도 알아내지 못했어요. 진공 상태를 유지할 만큼 밀폐성이 있고, 위로 뜰 수 있을 만큼 가볍고, 외부 공기의 압력에도 찌그러지지 않는 환상적인 재료가 무엇인지 말이에요.

프란체스코 라나 데 테르치의 아이디어

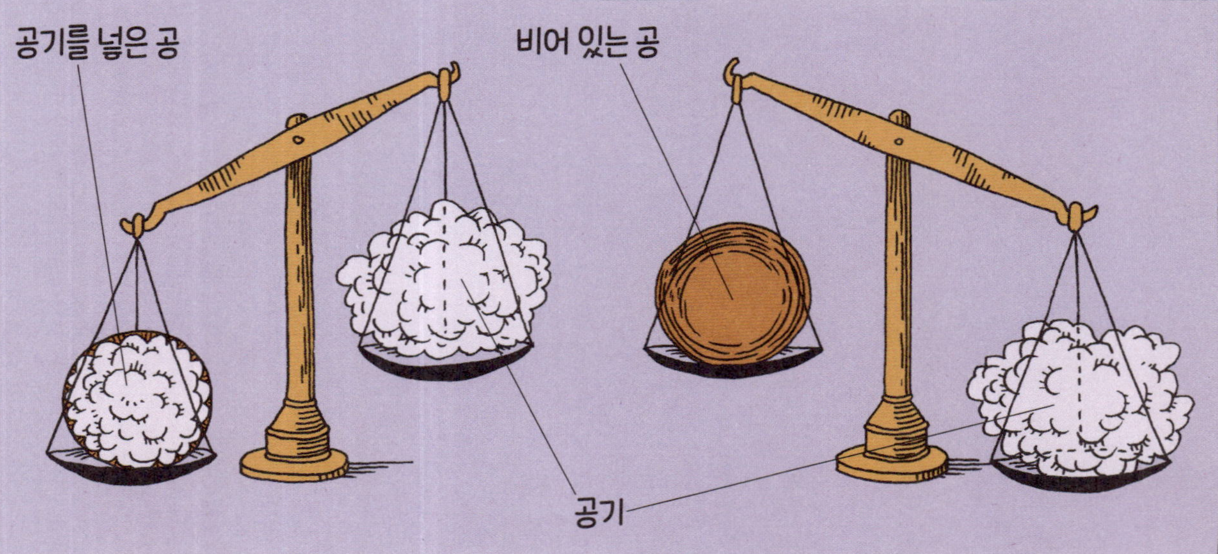

아주 얇게 편 구리로
만든 공
여섯 명이 탈 수 있는 공간
공기를 빼내고 밀폐한 공은 공기보다
가벼워져서 배가 하늘 위로 떠오른다.

앗,
내 모자!
에휴…….
저게 내 머리 위로
떨어지면 어떡하지?
상상 속에선
안 되는 게 없지.

배를 하늘에 띄우고 싶어 하는 건
사람뿐일 거야.

집중력 향상 헬멧

1925년

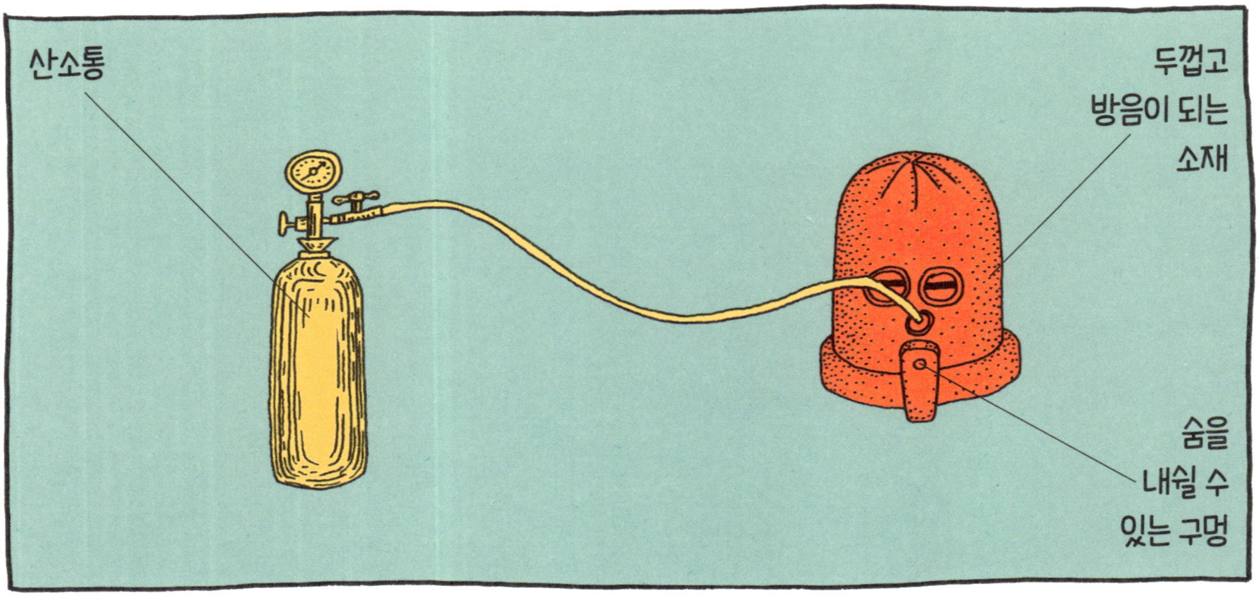

미국의 SF 소설가이자 발명가인 휴고 건즈백은 상상력이 풍부한 사람이었어요. 직접 만든 발명품에 대한 특허도 80여 개 이상 받았다고 해요.

물론 그중에는 지금 보면 장난스럽게 느껴지는 것도 있답니다. 예를 들어 잠자는 동안 공부를 할 수 있는 기구나 외계 생명체와 교신할 수 있는 기계 같은 것

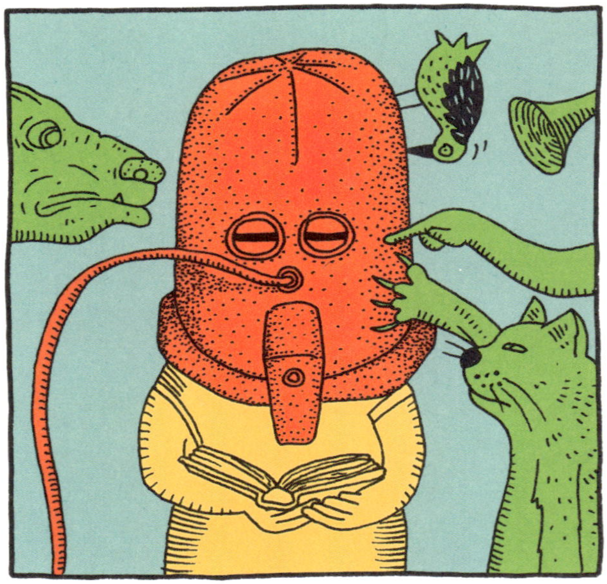

말이에요.

휴고 건즈백은 1분 동안 100가지 아이디어가 샘솟았다고 해요. 그 많은 아이디어를 기록하기 위해서는 집중할 필요가 있었죠. 그래서 그는 또 발명품을 생각했어요. 그 기구는 헬멧처럼 생겼고, 주위가 아무리 시끄러워도 책을 읽거나 글을 쓸 수 있도록 방해 요소들을 막아 주었어요.

이 헬멧을 쓰면 길에서 들리는 소음, 초인종 소리, 개

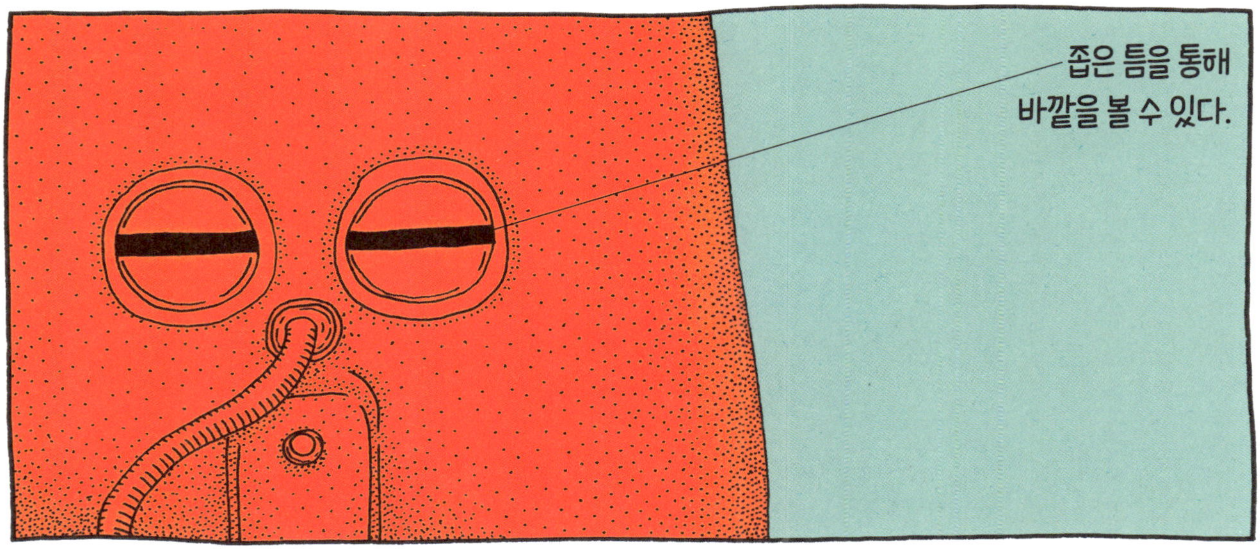

짖는 소리, 부엌에서 풍기는 음식 냄새, 창문을 통해 들어오는 빛까지, 모든 것이 차단된다고 해요. 얼마나 조용할지 상상이 되나요?

그러나 이 헬멧은 실제로 만들어지지 않았어요. 당시 〈과학과 발명〉이란 잡지에 실렸던 그림을 통해 헬멧을 만들려는 계획이 있었다는 사실만 알 수 있지요.

조용해……. 평온하군…….
앞이 잘 안 보이는 건 나만의 착각인가?

비포장도로용 자전거

1883년

19세기 말에는 도로가 지금처럼 발달되어 있지 않았어요. 아스팔트로 포장한 매끈한 도로가 없어서 울퉁불퉁한 비포장도로로 다녀야 했지요. 길이 아예 없는 벌판을 달려야 할 때도 있었고요.

폴란드의 기술자였던 스타니스와프 바리츠키는 이런 도로를 달릴 때 아무 문제없이 편안하게 앉아서 갈 수 있는 방법을 연구했어요.

이 과정에서 첫 번째 비포장도로용 자전거가 발명되었지요. 이 자전거는 '제비'라고 불렸어요. 울퉁불퉁한 길이나 심지어 길이 나 있지 않은 곳도 편히 다닐 수 있도록 설계되었지요. 바리츠키는 1883년 베를린에서 열린 스포츠 박람회에서 자신의 발명품을 자신있게 선보였어요.

하지만 그는 '제비'에 필요한 추진 장치를 찾는 데 실패했어요. 페달을 이용하기도 하고, 돛을 달아서 바람의 힘을 이용하기도 했지만 성공하지 못했거든요.

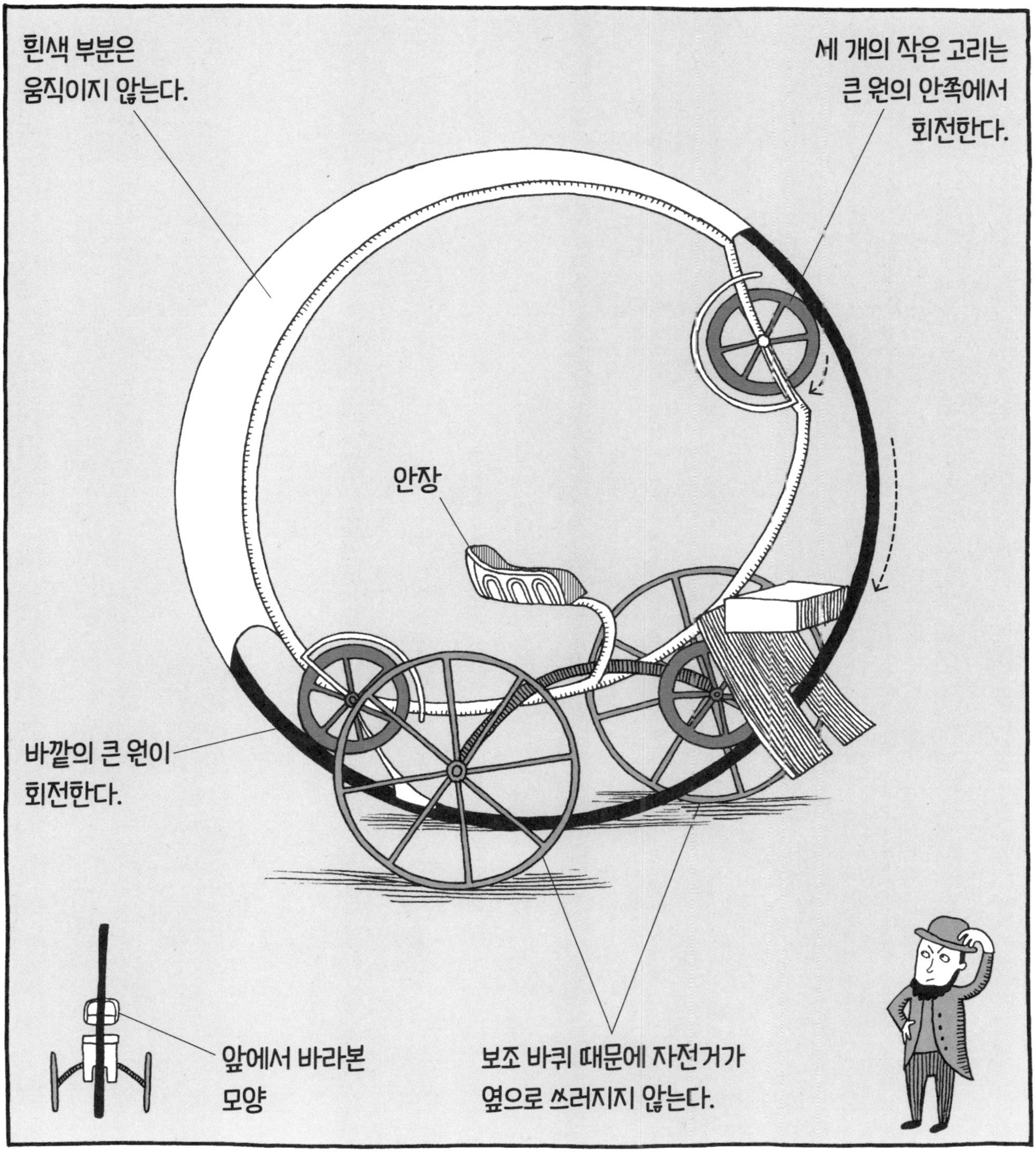

그리고 실험을 계속 하는 동안 자신의 전 재산을 탕진해 버리고 말았지요.

바리츠키는 비포장도로용 자전거 '제비'를 말이 끌고 가는 방법도 생각했어요. 하지만 그가 상상한 말이 끄는 제비의 모습은 당시의 한 잡지에 꽤 구체적인 그림으로만 실렸답니다.

이상한 사람이다!
저런 걸 누가 탄다고.
비포장도로에서는 아무도 날 못 이겨.
오, 괜찮은데?
난 망할 것 같은데……
곧 재산을 탕진하겠지……

깜짝이야!
따르릉, 비키세요.
저 사람
제정신일까?
네가 발뎡을
알아?

전기를 만드는 러닝머신

2011년

레바논의 젊은 디자이너 나딤 이나티는 레바논의 수도 베이루트의 해변가 산책로를 달리는 사람들을 보며 '조깅을 하면 건강에는 좋겠지만, 달릴 때 생기는 에너지가 낭비되는 게 아깝다'는 생각이 들었어요. 그래서 사람들이 뛸 때 생기는 운동 에너지를 전기 에너지로 바꿔 다양한 전자 제품을 작동시키는 데

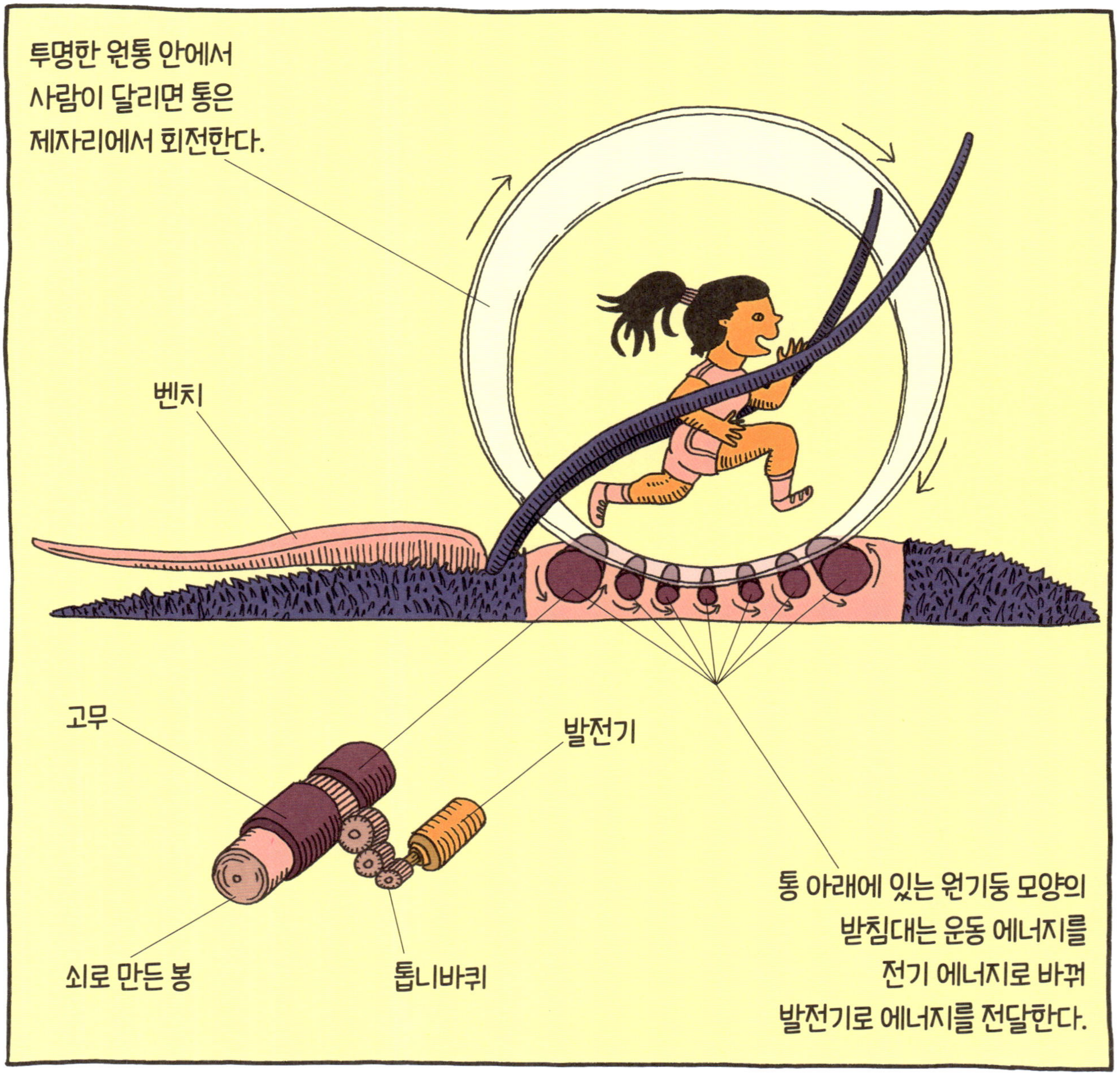

쓰면 좋겠다고 생각했지요. 그렇게 전기를 만드는 러닝머신, '그린 휠'이 탄생했답니다.

이나티는 '그린 휠'에서 30분쯤 달리면, 절약형 전구를 다섯 시간 정도 켜고, 두 시간 정도 노트북을 사용하고, 휴대전화를 열두 번 정도 충전할 수 있다고 계산을 했어요. 그리고 '그린 휠'을 여러 대 연결하면 도심을 밝히는 가로등이나 신호등에 전력을 공급하기에도 충분할 것이라고 생각했지요.

무엇보다 가장 중요한 점은 이렇게 만들어진 전기는 환경을 오염시키지 않고, 비용도 들지 않는다는 사실이에요. 그러니까 학교 복도에 이와 비슷한 기구를 몇 대 설치해 두면 어떨까요? 매일 우리가 뛰어 노는 쉬는 시간에 상당한 양의 에너지가 낭비되고 있으니까요.

윈드서핑 보드에도
발전기를 달 수 있을까?
조금만 더……
22킬로미터나 달렸네.
평균 속도는
1킬로미터에 4분 12초,
좋았어!!!
조금만 더!
이제 거의 충전이
다 됐어.
난 저기서
달리기 싫어.

처음부터
달릴 필요는 없어.
걸을 수도 있지.
야! 저기 빈자리가
하나 있어!
다음은
차례야!
오, 내가 할래.
나는 내일
뛰어야겠다.
저 언니 멋진데!
내 식스팩만큼
멋지진 않아!

날개 달린 조끼

1889년

그리스 신화에 등장하는 다이달로스와 이카로스의 이야기를 아시나요? 자기가 만든 날개를 달고 용감하게 태양을 향해 날아간 사람들 말이에요. 이 이야기는 사람들의 상상력을 자극했어요. 그래서 실제로 그들을 따라 하려는 사람들이 나타났답니다.

미국의 루벤 재스퍼 스펠딩도 그중 한 명이었어요. 19세기 말, 그는 어깨에 고정한 날개를 이용해 하늘을 나는 비행기구를 만들어서 특허를 받았어요. '오르니톱터(날개치기 비행기)'라는 이름의 이 비행기구는 500여 년 전 레오나르도 다 빈치가 그린 새 모양 비행기구의 스케치에서 영감을 얻어 만든 기구 중 하나였어요.

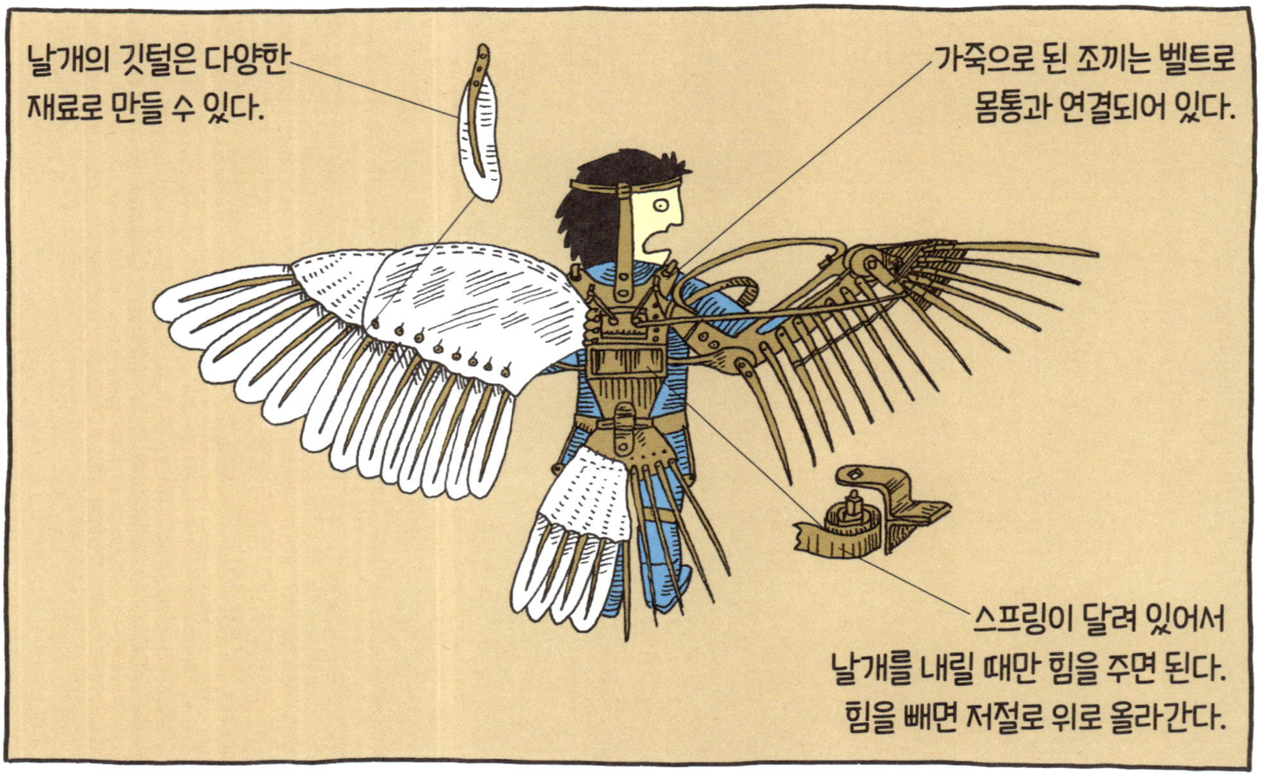

날개 달린 조끼는 날 수 있을 것처럼 보이지만, 실제로 하늘로 떠오르지는 못했답니다. 조끼의 무게가 최소 사람 한 명 정도의 무게였거든요. 무거운 조끼를 입는 것도 쉬운 일은 아니었을 거예요. 그럼에도 발명가는 언젠가 하늘을 훨훨 날 수 있을 거라고 믿었답니다.

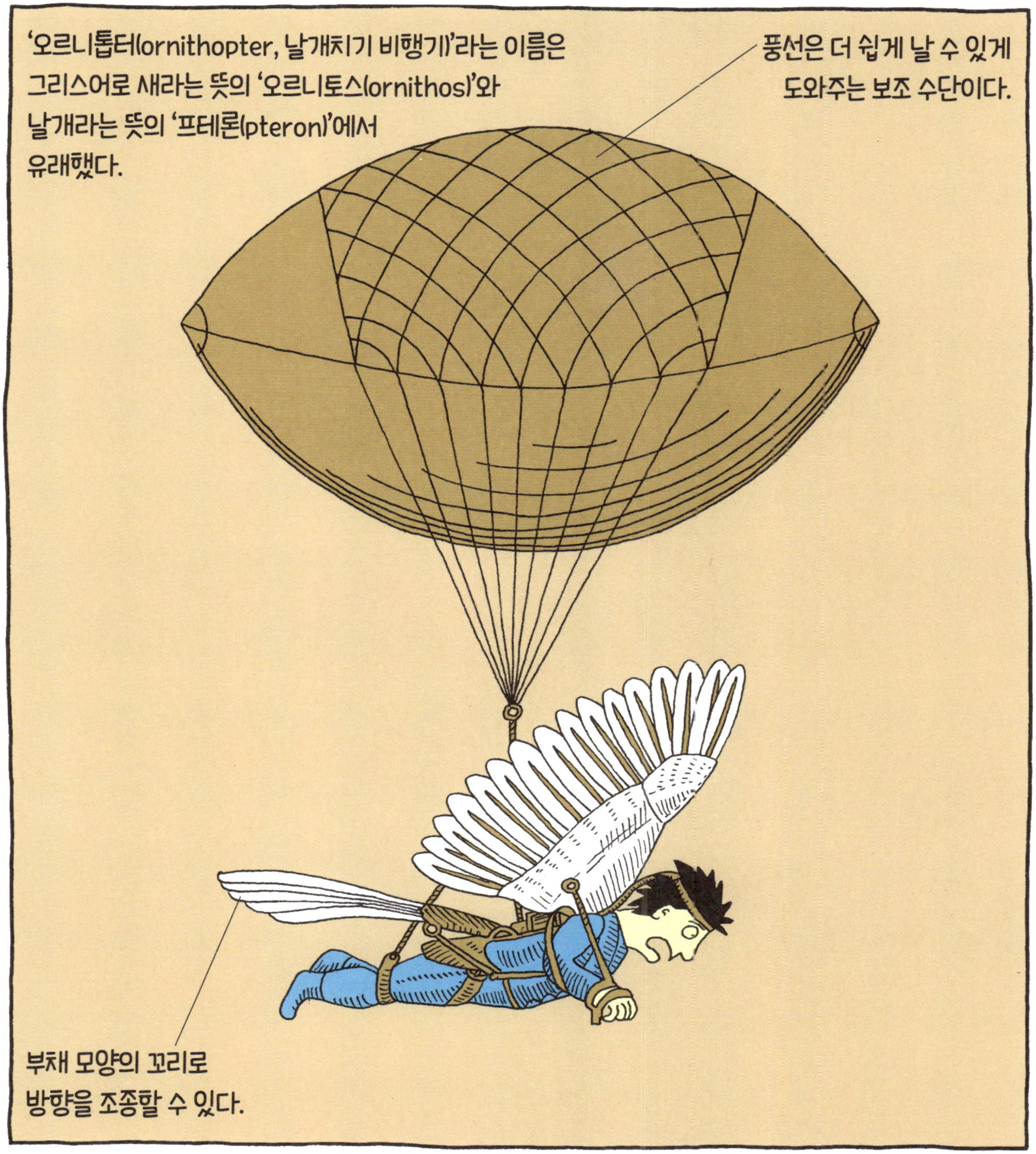

여기는 그렇게 높지 않아서
다행이야.
푸하하!
저 사람 날고
싶은가 봐!
예쁜 깃털이야.
저걸로 원피스를
만들면 좋겠는데.
저는
의사입니다.
돌처럼 뚝
떨어졌어.

내가 벌써 몇 번이나
경고했는데 말이야.
아이고!
놀랐잖아!
헉! 저 사람한테
별일 없어야
할 텐데……
말도 웃겠다!

활활 불타는 시계

기원전 약 3세기부터

오늘날 우리가 사용하고 있는 시계가 발명되기 전에는 어떻게 시간을 알았을까요?
지금으로부터 약 4,500년 전 사람들은 자연현상을 이용해 시간을 짐작하곤 했어요. ①맑은 날에 그림자의 길이와 위치로 시간을 재는 해시계, ②흐르는 물을 이용한 물시계, ③좁은 틈 사이로 모래가 빠져나오는 시간을 재는 모래시계 등을 이용했지요.
그리고 2,000년 전쯤에는 세계 곳곳에서 활활 불타는 불시계가 등장하기 시작했답니다. 어떤 불시계가 가장 먼저 만들어졌는지는 정확하게 알 수 없어요. 누가 처음 불시계를 발명했는지도 알 수 없다고 해요.

① 해시계

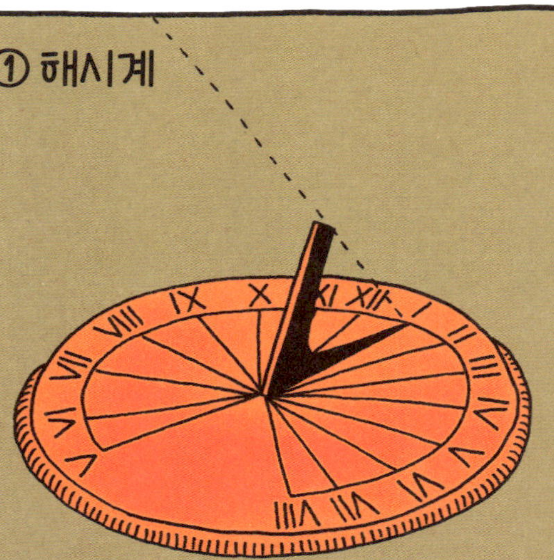

② 물시계*

③ 모래시계

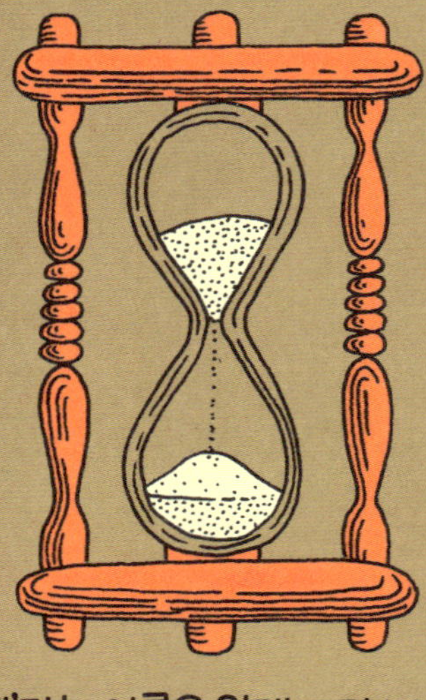

'모래시계'라는 이름은 원래 그리스어로 '물도둑'이라는 뜻이었다. 처음에는 물을 사용하다가 나중에 모래로 바꿨다.

*비슷한 물시계가 36쪽에 있음.

눈금을 그린 양초시계

양초의 각 부분은 하루의 일정한 때를 나타내고, 각 부분에는 그 시간에 할 일이 적혀 있다.
9세기 후반 영국의 알프레드 대왕이 이 시계를 사용한 것으로 알려져 있다.

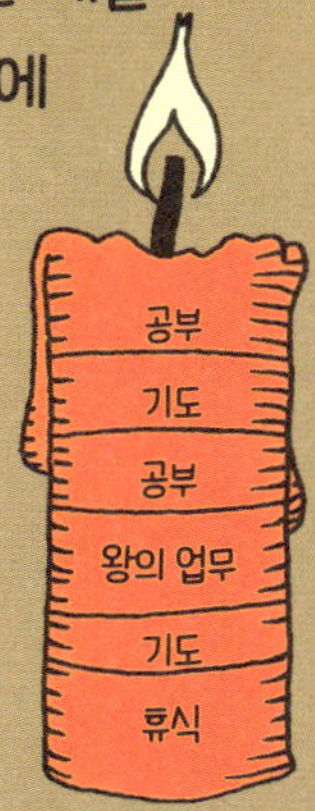

향 양초시계

이 시계는 고대 중국 사람들의 아이디어였다.

초가 일정한 속도로 타면 특정한 향기가 나면서 시간을 알려 준다.

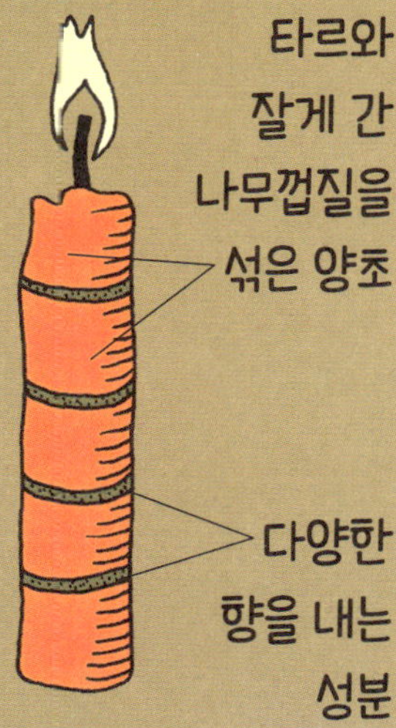

알람을 단 양초시계

양초가 일정한 속도로 녹으면, 쇠고리가 떨어지면서 소리를 내 시간을 알려 준다.

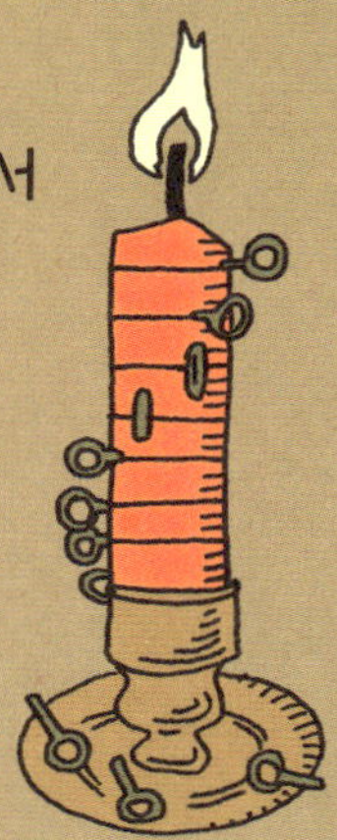

화승시계

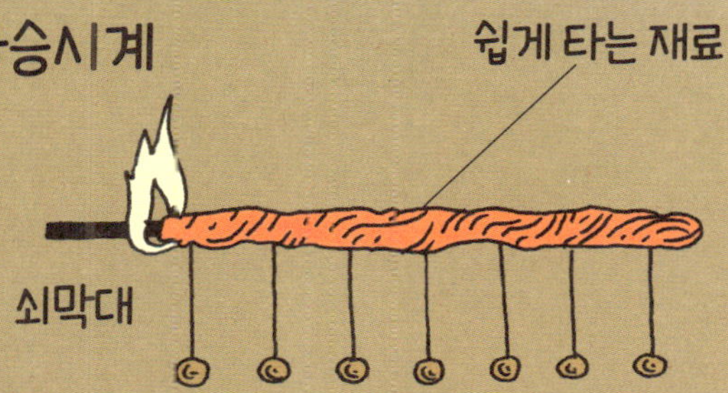

중국에서 발명된 시계.
조금씩 쇠막대에 감긴 실을 태우고, 그 실에 달린 쇠구슬이 떨어지면서 소리를 낸다.

램프시계

15세기 후반에 사용한 시계.
기름이 타면서 줄어드는 양만큼 용기에 표시된 눈금으로 시간을 알 수 있다.

불시계를 만드는 법은 무척 간단했어요. 그러나 너무 비쌌고, 사용하기도 불편했어요. (양초시계를 쓸 땐 항상 다음 양초시계를 곁에 준비해 둬야 하니까요.) 그래서 사람들은 계속해서 시간을 알 수 있는 편리한 방법을 찾으려고 노력했지요.
양초시계는 간단하게 만들 수 있기 때문에 여러분도 재미로 만들어 보고 시간을 잴 수 있어요.

9시 향기가 나는군.
이제 시작할 시간이야.
딱 맞춰 왔군.
히히, 드디어
내가 좋아하는 만두를
먹을 시간이다.
앗! 벌써 9시네.

10시 향기가 나면
출발하지요.
언제 갈까요?
두 시간 전부터
계속 먹고 있는데도
배가 고파.
난 9시 향기가
좋더라.

하늘을 나는 자동차

2009년

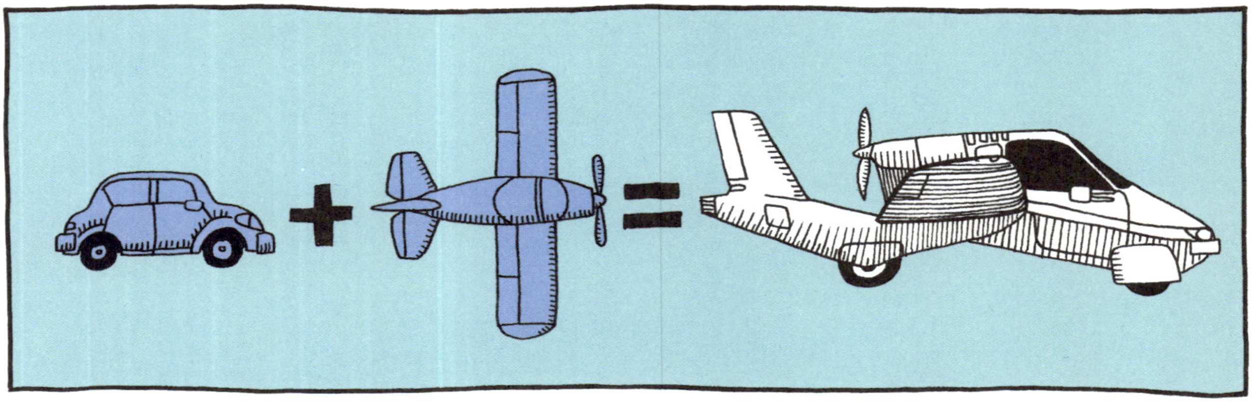

드디어 발명가들의 꿈이 현실로 이루어졌어요! 아이들이 가지고 노는 장난감이나 SF 영화에 등장하는 기계처럼 보이지만, 이것은 진짜랍니다.
'트랜지션'이라는 이름의 이 차에는 두 쌍의 바퀴와 한 쌍의 날개가 달려 있답니다. 세계 최초로 도로를 달릴 수도 있고, 하늘도 날 수 있는 탈것, 하늘을 나는 자동차가 만들어진 거죠.
'트랜지션'은 미국의 벤처 기업인 테라퓨지아의 과학자, 파일럿, 기술자 들이 힘을 합쳐 만들었어요.
2006년부터 본격적인 연구를 시작해서 2009년에 하늘을 나는 데 성공했고, 2011년에는 자동차처럼 도로를 달릴 수 있게 되었답니다.
'트랜지션'은 휘발유를 연료로 쓰고, 최고시속 185킬로미터 정도로 하늘을 날 수 있어요. 연료를 가득 채

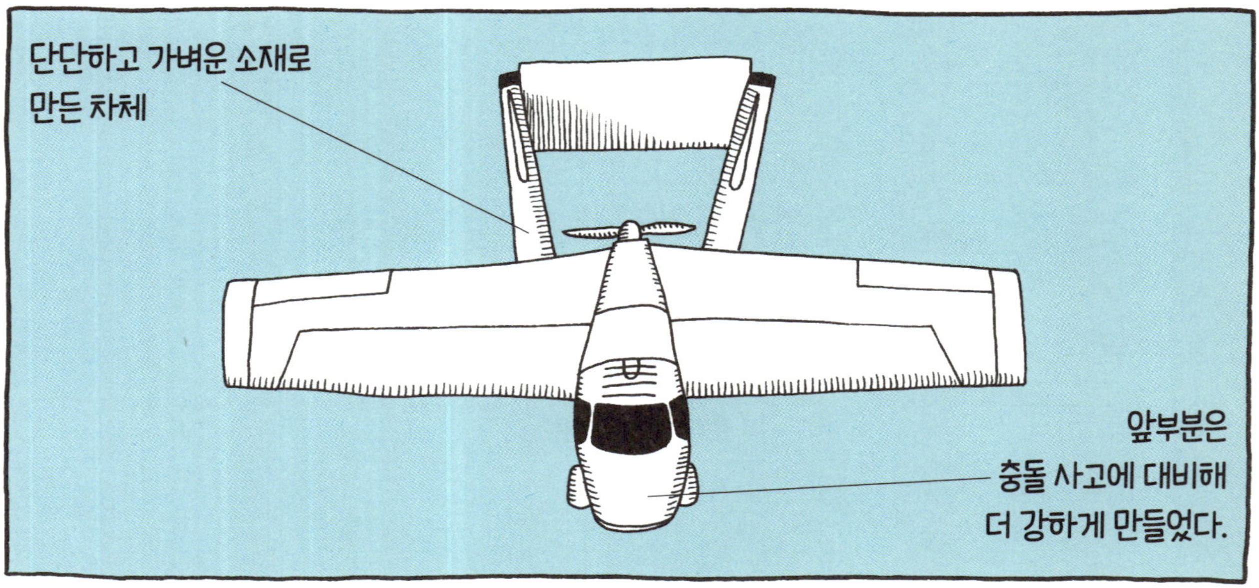

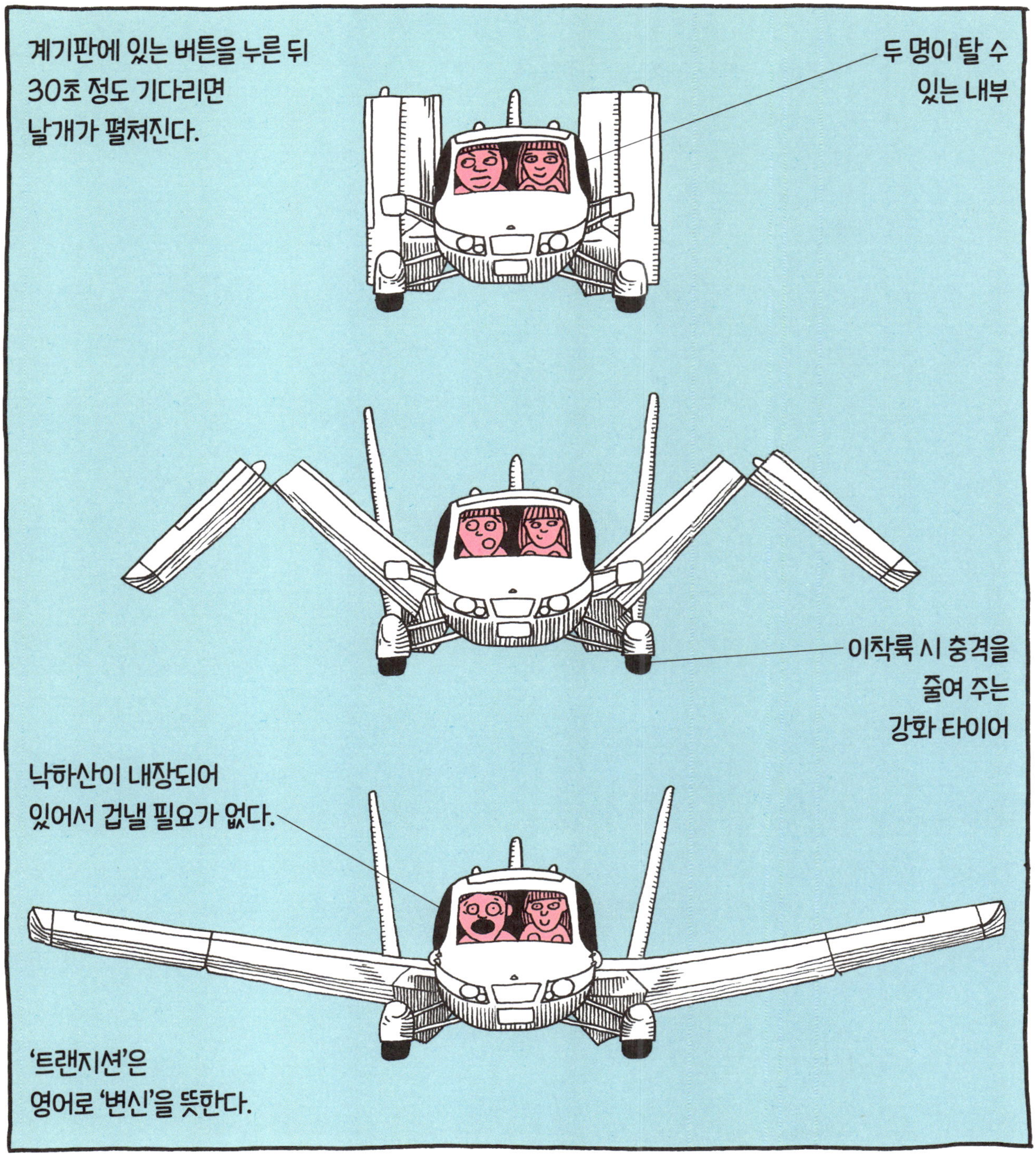

우면 서울에서 부산까지 왕복 비행을 할 수 있답니다. 한 번에 오가는 것이 가능하니까 중간에 착륙할 필요는 없지만, 만약 조종사가 좀 쉬고 싶거나 배가 고파지면 전주에서 잠시 내려 비빔밥을 먹고 경주에서 문화 유적들도 둘러본 다음 갈 수 있겠지요. 어때요? 여러분도 한번 타 보고 싶지 않나요?

히히,
내 똥을 받아라!
난 어딜 가지 않아도 되니
다행이군.
빵빵!
저건 새인가?
아니, 비행기구니
휘이~!
나도 타 보고 싶다.

내 똥 도 받아라!
난 꽉 막힌 도로가 너무 싫어.
아냐, 저건 트랜지션이야.
엄마, 보세요! 제가 책에 나왔어요!
저건 뭐지?
모르겠어, 그런데 하늘 위로 떠올랐어.

여행용 구름

2011년

구름 비행선은 공기보다 가벼운 헬륨 가스로 가득 채워져 있다.

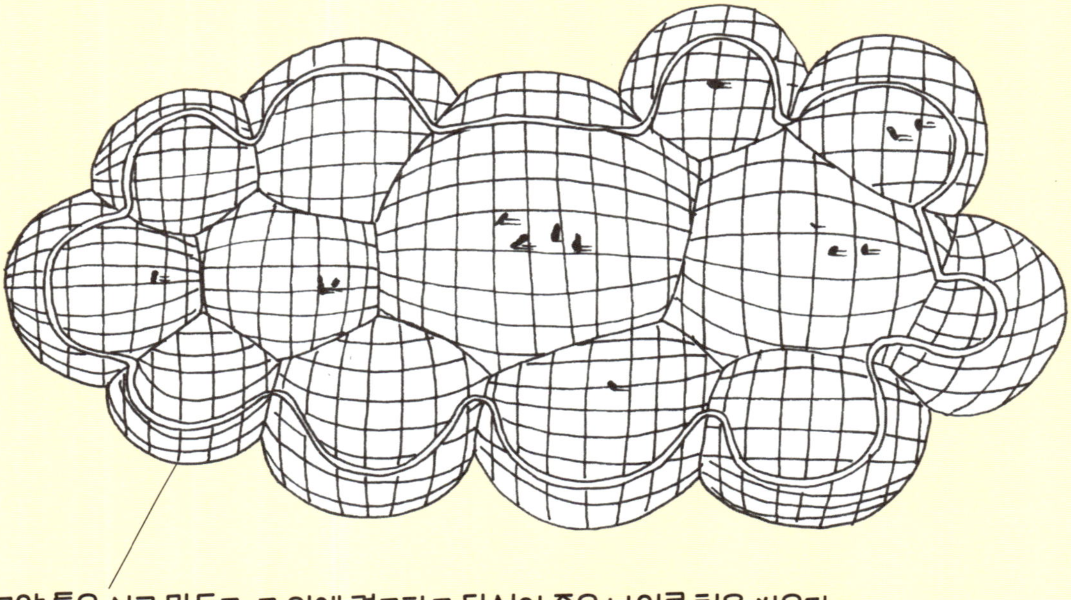

구름 모양 틀은 쇠로 만들고, 그 위에 견고하고 탄성이 좋은 나일론 천을 씌운다.

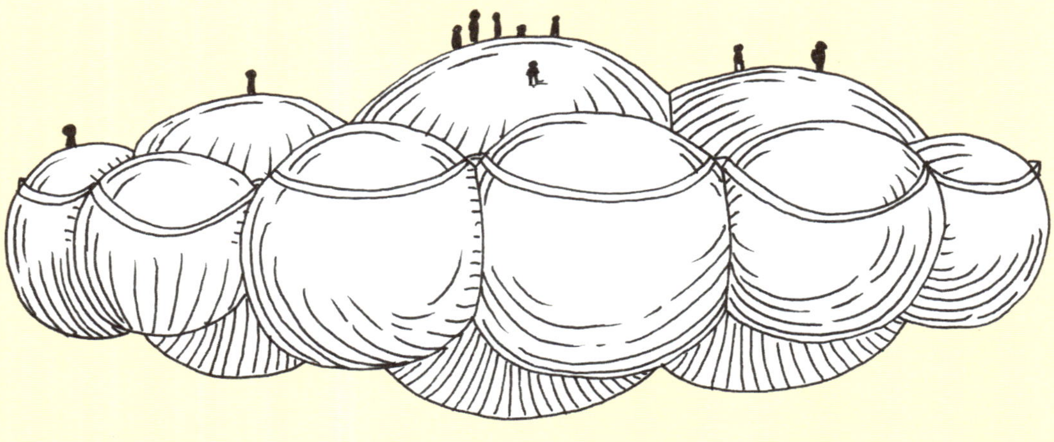

방향과 속도, 그리고 목적지는 바람이 결정하는 대로 따른다!

구름을 타고 하늘 위를 날아다니는 여행을 상상해 본 적 있나요? 이 여행은 시간표도 없고, 계획도 없어요. 심지어 어디로 가는지도 정해져 있지 않답니다. 바람의 세기와 방향에 따라 어디로 갈지, 얼마나 빨리 도착할 수 있을지 정해져요.

구름을 타고 하늘을 떠다니는 것은 어릴 때 누구나 상상해 봤을 법한 일인데요. 이런 상상이 곧 이루어질지도 모른다니, 정말 멋진 일이죠!

미국에 사는 포르투갈의 젊은 건축가 티아고 바로스는 기발한 아이디어를 떠올렸어요. 구름 모양의 비행선을 만들기로 마음먹은 거죠. 그가 생각해 낸 여행용 구름 비행선은 아직 만들어지지 않았지만, 충분히 가능한 일이랍니다.

구름을 타고 하늘 여행을 하려면 따뜻한 특수복과 산소통, 그리고 마스크가 필요해요. 하늘 높이 올라가면 기온이 낮아져서 추워지고, 산소가 줄어들어

숨쉬기 힘들어질 수 있기 때문이에요. 그래도 바로스의 구름 비행선을 타고 하늘 위를 둥둥 떠다니는 것은 분명 흥미로운 여행이 될 거예요.

둥지호! 여기는 매2호다.
응답하라.
방금 이상 물체를 발견했다.
기내 서비스도
있을까?
이럴 수가!
구름 위에 사람들이 있어!

어디로 가게 될까?
사람들이 또 이상한 걸 만들어 냈네…….
지루할 것 같은데.
저건 뭐지?
춥고 바람도 많이 불지만, 풍경 하나는 기가 막히는구나.

하늘을 달리는 자전거

2013년

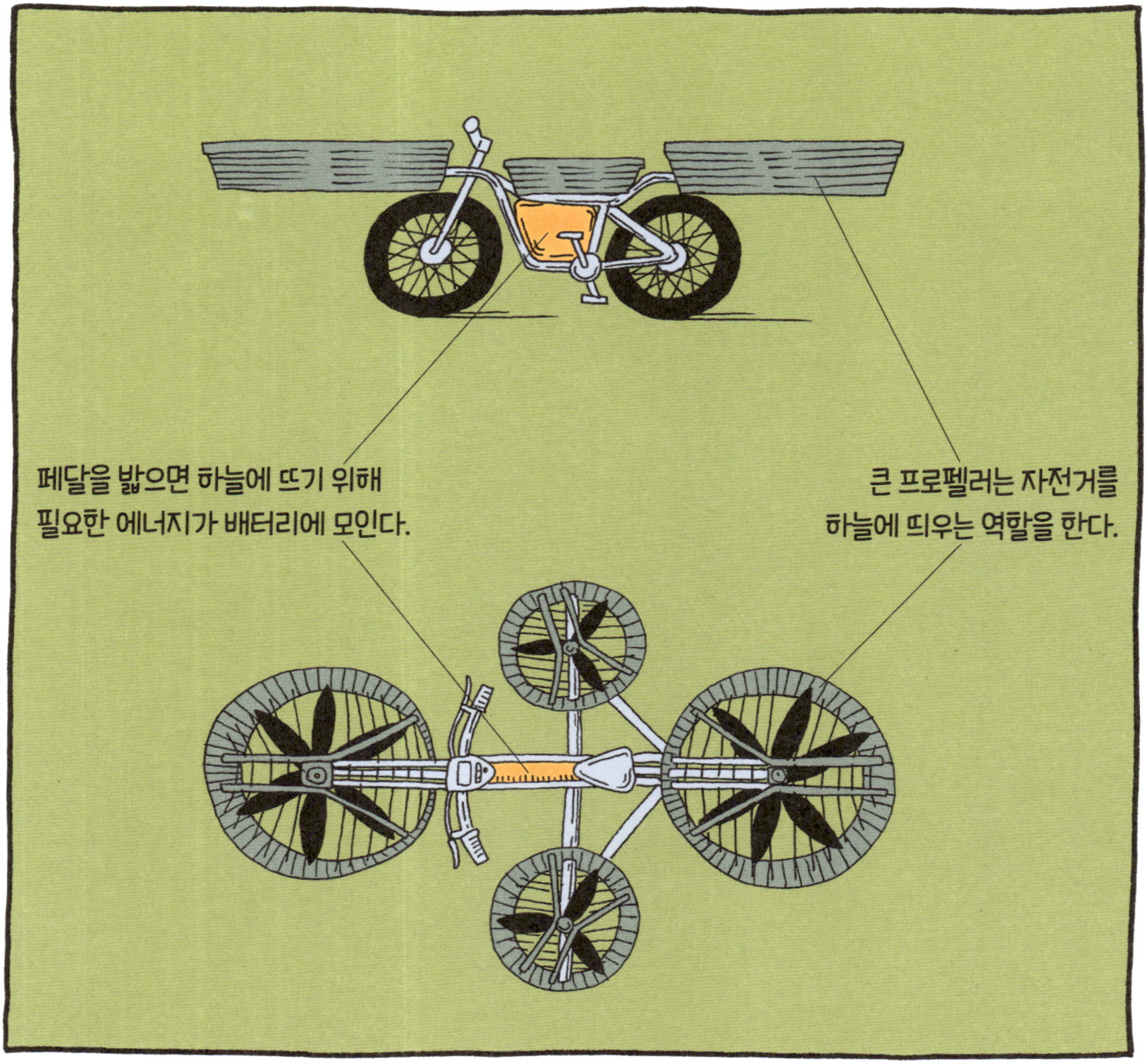

도대체 이 기구는 뭘까요? 사이클 선수가 페달을 밟아서 빨래를 말리는 건조기일까요? 아니면 씨앗을 뿌리는 친환경 농기구일까요? 정답은…… 둘 다 아니에요!

이건 하늘로 떠오를 수 있는 'F-Bike' 자전거예요. 이 자전거는 체코의 디자이너 일곱 명이 함께 개발했답니다. 사람들에게 처음 선보였을 때는 마네킹을 운전석에 앉혀 놓았대요.

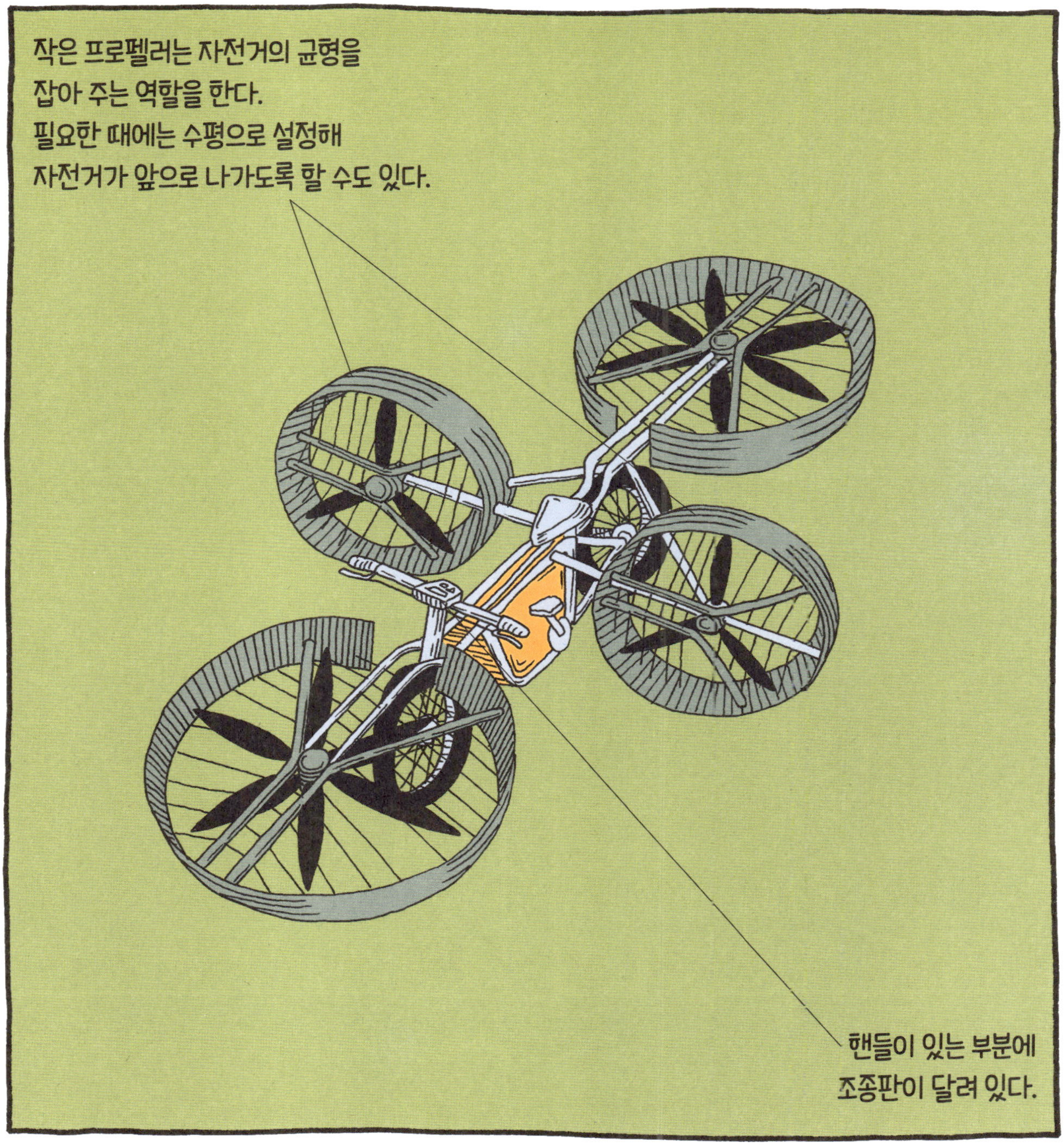

하지만 'F-Bike'에는 심각한 문제가 있었어요. 자전거의 무게가 95킬로그램 정도라 자전거에 달린 배터리로는 겨우 3~5분 정도밖에 날 수 없었거든요. 물론 이 정도면 교통 체증이 심한 도로에서 자동차 몇 대를 날아서 뛰어넘을 수 있는 시간이지요. 하지만 고작 자동차 몇 대를 앞지르려 이렇게 무겁고 큰 자전거를 도로로 끌고 나올 만한 가치가 있을지는 잘 모르겠네요. 여러분 생각은 어떤가요?

여보, 우리 딸
생일선물을 찾았어요.
하늘을 나는
스케이트보드도
있으면 좋겠는데.
와우! 저건 어디에서
온 거야?
UFO다!

제발 배터리가 다
닳지 않아야 할 텐데!
하늘을 나는
자전거라니, 멋진걸!
그런데 너무
시끄러워!
태양광 에너지를
쓰면
더 좋을 것 같아.
머리 위로
떨어질 것 같아.

증기로 달리는 말

1813년

증기로 달리는 말이라고요? 마차를 끌던 말에게는 기쁜 소식일지도 모르겠네요. 그런데 실제로 동물을 대신하기 위해서 다리가 달린 증기 기관차가 발명되었답니다.

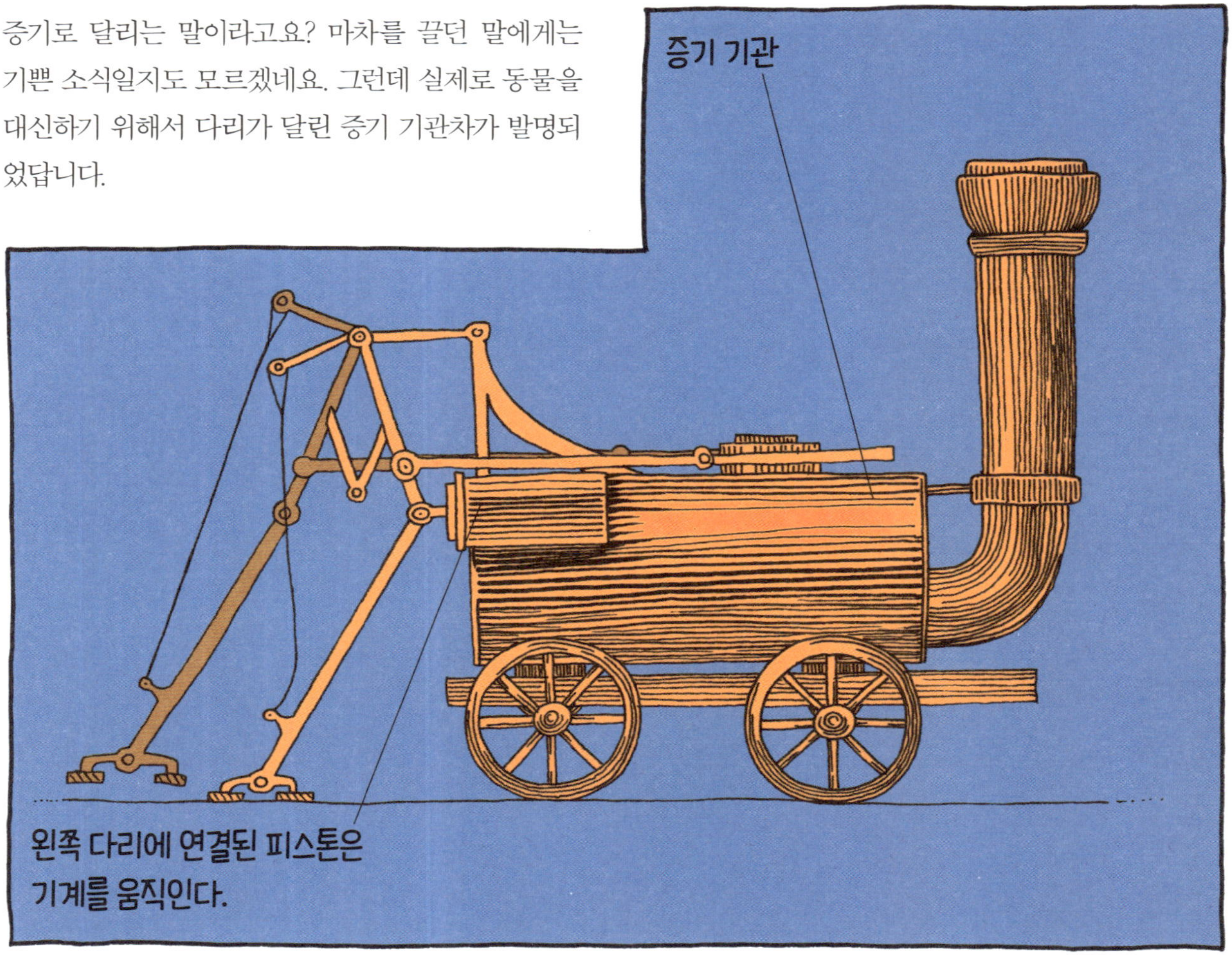

19세기까지도 말은 일을 하거나 사람이 이동하는 데 꼭 필요한 동물이었어요. 곳곳에서 다양하게 활약하고 있었지요. 그런데 당시 유럽에서는 전쟁이 오래 계속되고 있었어요. 말은 군대에서도 무척 중요한 동물이었기 때문에 군대가 말의 사료를 몽땅 사들였어요. 때문에 사료값이 올라 무척 힘들었답니다.

스코틀랜드의 기술자이자 발명가인 윌리엄 브런튼은 사료값을 절약하기 위해 한 가지 아이디어를 떠올렸어요. 말 대신 당시 유럽에서 개발되고 있던 증기 기관을 활용해 다리가 달린 증기 기관차를 만들기로 한 거죠. 그는 '트래블러'라는 다리 달린 증기 기관차 두 대를 만들었어요. 하나는 2.5톤짜리 소형, 다른 하나는 5톤 정도의 대형이었어요. 그는 자기 발명품이 수천 마리의 동물을 대신할 수 있기를 바랐지요.

1815년에 발생한 사고만 아니었다면 분명 모든 것은 그의 생각대로 이루어졌을 거예요. 하지만 발명품을

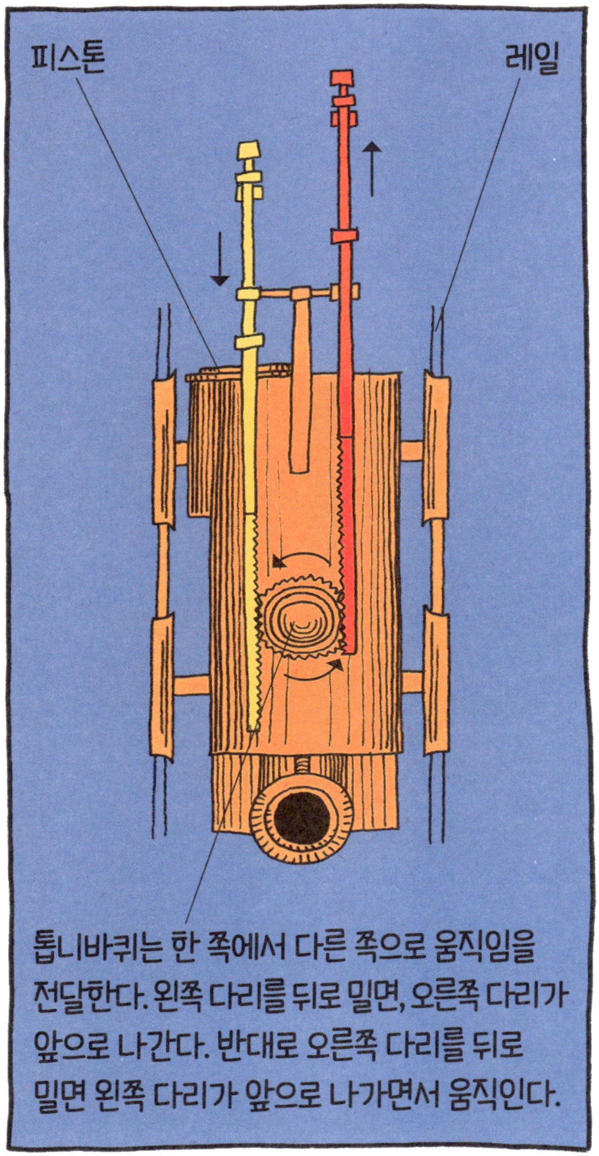

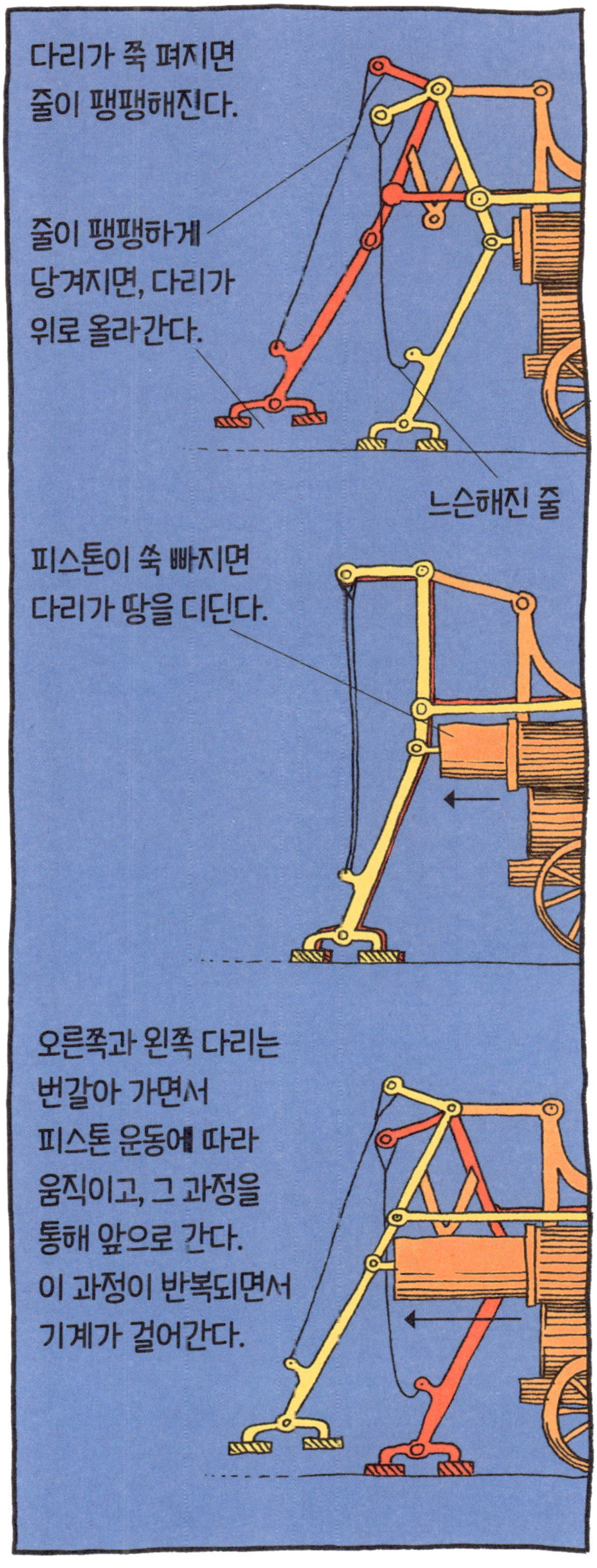

공개하던 자리에서 증기 기관이 폭발해 버렸어요. 이 사고로 인해 구경하던 사람들 가운데 두 명이 죽고 많은 사람이 다쳤고요. 이렇게 '트래블러'는 짧은 기록만을 남기고 사라지게 되었습니다.

요즘은 로봇에서 다리 달린 증기 기관차와 비슷한 구조를 발견할 수 있어요. 가끔은 이렇게 오래되고 별것 아닌 듯한 아이디어가 시간이 흐른 뒤 다시 인정받기도 한답니다.

1939년 엘렉트로
2012년 코맨
2013년 와일드캣
2013년 아틀라스
얘야, 보렴. 이건 아주 오래전
우리 조상 중 하나란다.
와우,
함수도 모르면서
걸을 줄은 아네요.

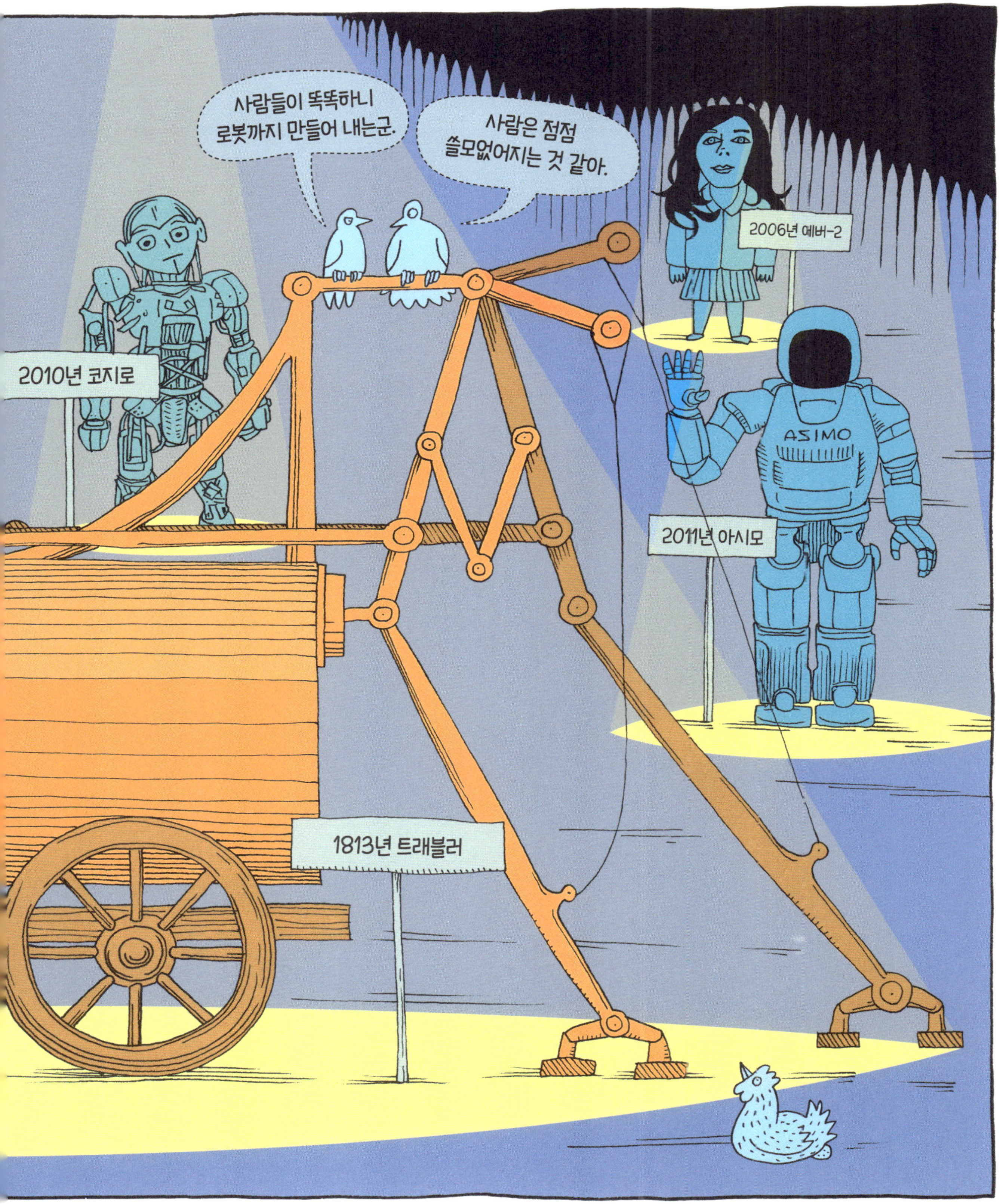
사람들이 똑똑하니
로봇까지 만들어 내는군.
사람은 점점
쓸모없어지는 것 같아.
2006년 에버-2
2010년 코지로
ASIMO
2011년 아시모
1813년 트래블러

자석으로 조종하는 열기구

18세기

1783년 프랑스 파리의 베르사유 궁전에서는 왕과 귀족들이 보는 앞에서 양과 오리, 닭을 태운 열기구를 띄우는 데 성공했어요. 그 이후 유럽에서는 열기구 열풍이 불었답니다.

문제는 열기구가 어디로 날아갈지 알 수 없다는 것이었어요. 왜냐하면 열기구가 날아가는 방향과 속도는

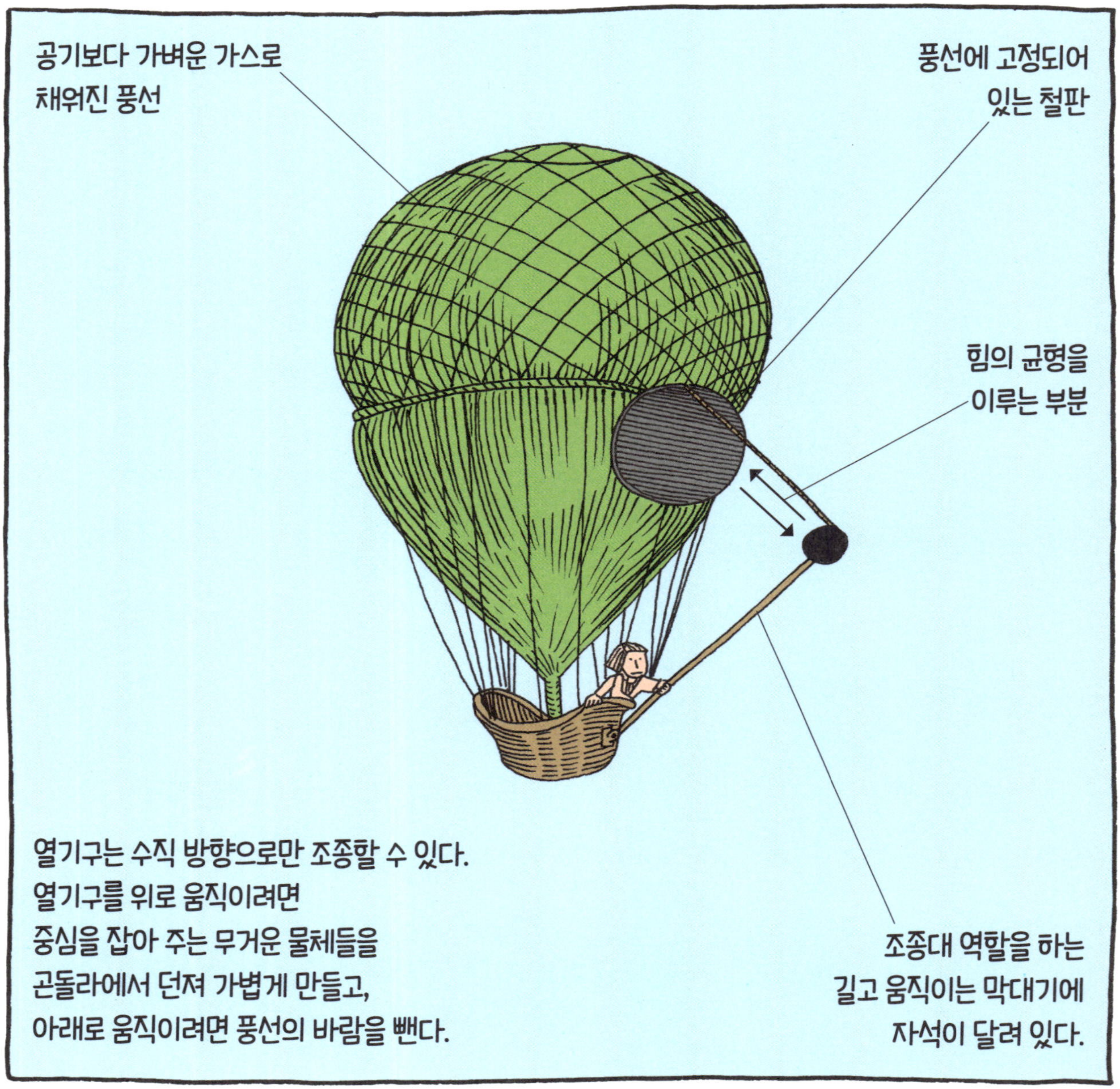

바람 마음이잖아요. 보통 바람이 부는 방향에 따라 하늘을 떠다니다가 결국은 나뭇가지나 교회의 첨탑에 걸려 멈추곤 했지요. 그래서 사람들은 열기구 여행을 돈이 많이 드는, 위험한 장난으로 여기곤 했어요. 그래서 하늘에 떠 있는 열기구를 어떻게 조종할 수 있을지에 대한 고민도 이어졌답니다.

폴란드 바르샤바와 크라쿠프에도 열기구가 있었는데요. 폴란드의 다지막 왕 스타니스와프 아우구스트 포니아토프스키의 신하이자 시인이었던 스타니스와프 트렘베츠키에게 좋은 생각이 떠올랐어요. 그의 아이디어를 듣고 기뻐한 왕은 설계도를 베를린과 상트페테르부르크에 있는 학자들에게 보냈습니다. 그러나 학자들은 고개를 저었어요.

학자들은 트렘베츠키가 생각한 자석을 이용한 제어

방법이 열기구를 원하는 위치에 멈추게 할 수 없다고 설명했어요. 자석이 철판을 끌어당기지만, 동시에 철판도 자석을 끌어당기기 때문이에요. 두 힘은 서로 당기며 균형을 이루다가 결국에는 다른 위치에서 멈추게 되는 것이죠. 학자들은 왕에게 보내는 답변서에 이렇게 썼답니다. 안타깝지만 시인의 풍부한 상상력은 시를 쓰는 데에만 발휘하면 좋을 것 같다고 말이에요.

위쪽에는
엄청난 바람이
불고 있어.
오늘은 우리가 동쪽으로
가는 날이 아니라 아쉽군.

왕바람이다!
아니, 그쪽이 아니야!
그냥 집에서
시나 쓸 걸 그랬어.
으이구,
사람들은 왜 모르지?

사탕 분류기

2010년

오래된 망원경, 벌새용 모이 선반, 도자기 그릇, 컬러 센서, 그리고 약간의 에폭시수지. 이런 재료들을 가지고 뭘 만들 수 있냐고요? 에이, 분명 여러 가지가 있을 텐데요.

컬러 센서

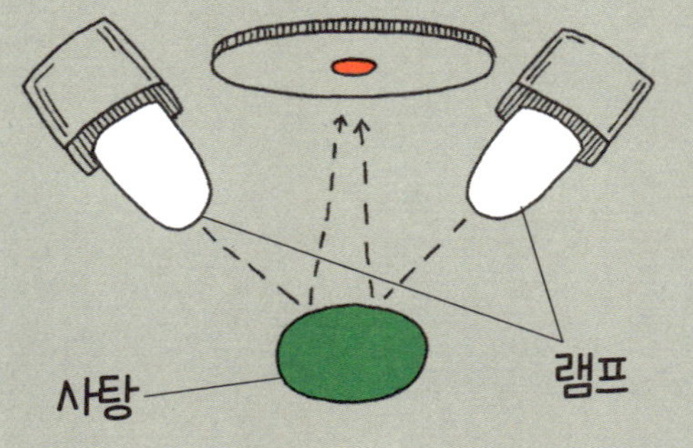

사탕에서 반사된
다양한 파장의 빛은
센서로 보내진다(②).

센서는 사탕의 색을 감지하고
각 색깔에 맞는 그릇으로
사탕을 내보낸다(③).

다양한 빛의 파장

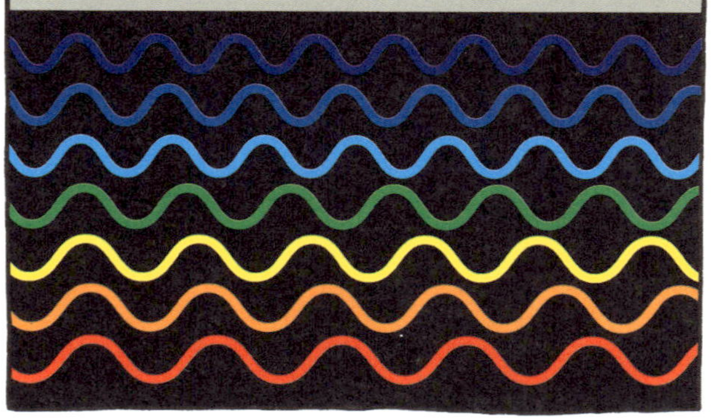

미국의 예술가이자 기술자인 브라이언 에겐리더는 이 재료들을 가지고 주말마다 고민하다가 색깔별로 사탕을 구분하는 기계를 만들었어요.

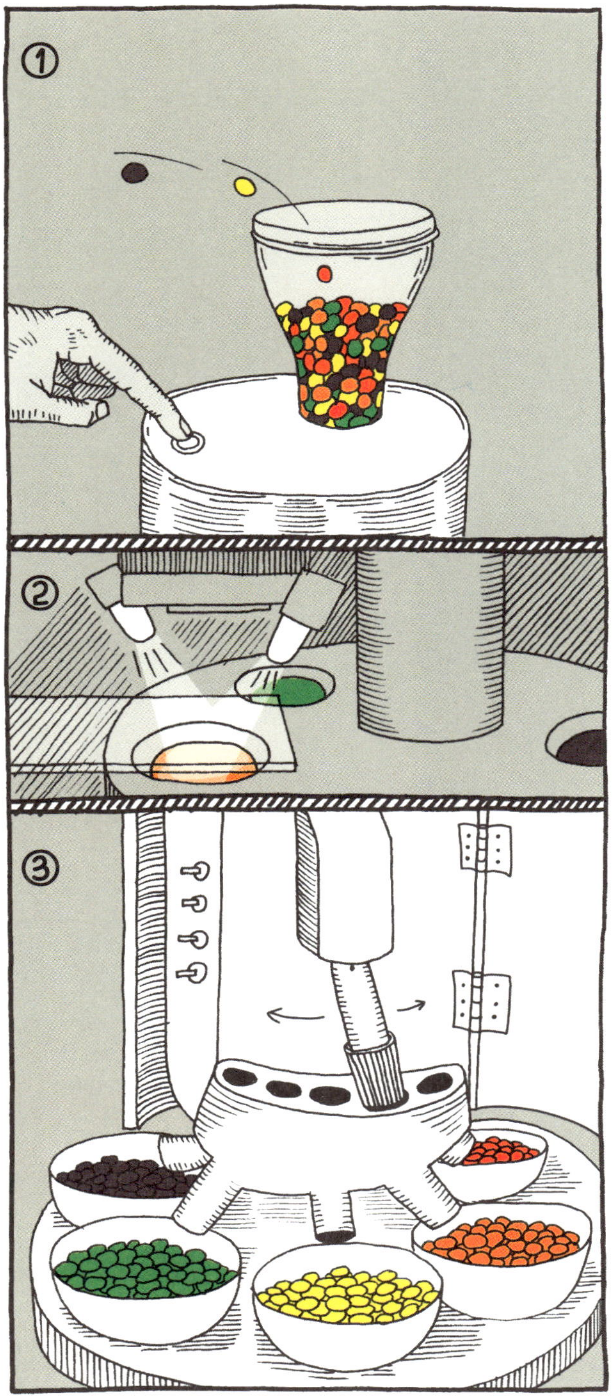

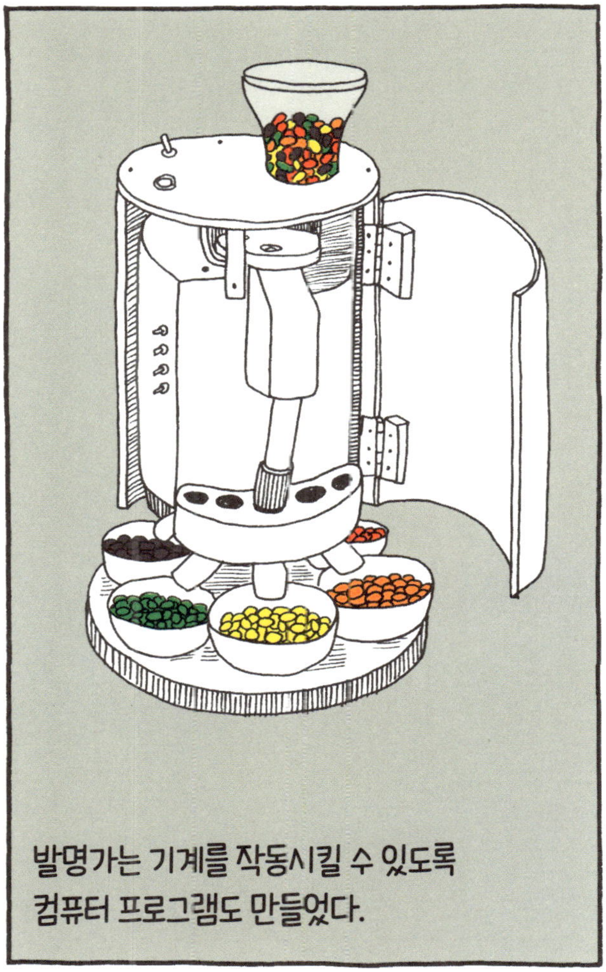

기계의 겉 부분을 비롯한 대부분은, 에폭시수지(플라스틱의 일종으로 굳으면 딱딱해지는 성질이 있어요)를 이용해서 만들었어요. 기계의 덮개와 안에서 사탕을 걸러 내는 부분도 전부 에폭시수지로 만들었지요. 색깔을 감지하고 분류하는 부분은 망원경의 파인더와 시중에서 쉽게 살 수 있는 컬러 센서를 활용해서 만들었어요.

그밖에 나머지 부분으로는 븐류된 사탕을 받아 내는 작은 그릇, 기계의 받침대가 되는 나무판, 덮개를 여닫을 수 있는 손잡이, 경첩과 나사, 벌새용 모이 선반에 있는 깔대기 등이 있는데요. 이것은 모두 발명가의 부엌 찬장에서 찾아낸 것이랍니다.

사람들이 발명하지 않는 건 대체 뭐야!
음, 이런 사탕은 분류할 수 없어요.
일부러 여기까지 왔는데…….
난 초콜릿이 더 좋아.
다음 사탕도 도착했어요!
그렇게 많이 분류하려면 시간이 엄청 걸릴 텐데!
!!!

사람 진짜 많군.
뿌려, 뿌려!
오렌지색이 제일 좋아!

증기 자동차

1770년

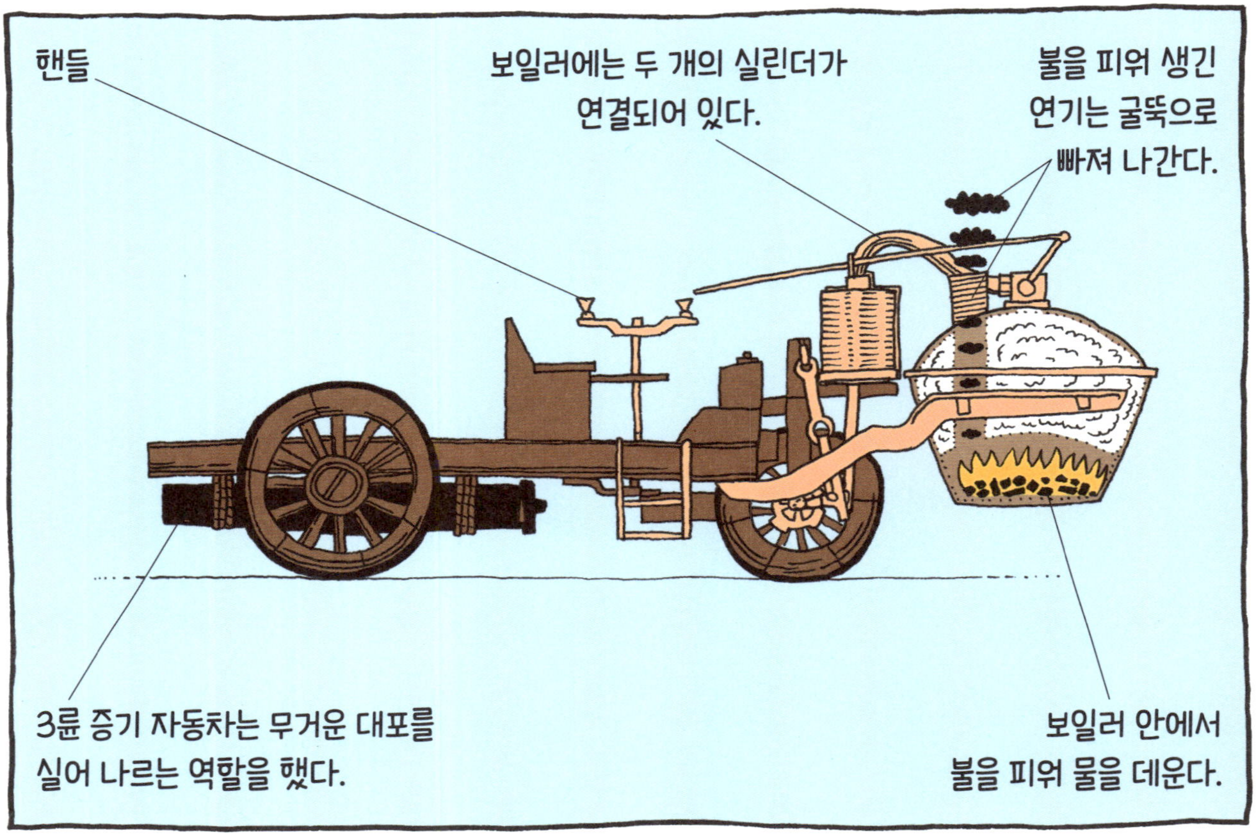

연기가 모락모락 나는 큰 솥을 앞에 단, 바퀴가 세 개 달린 수레라니! 좀 이상하게 보이나요? 하지만 이것은 따뜻한 수프를 나르는 수레가 아니라 오늘날 우리가 타고 다니는 자동차의 조상이랍니다. 프랑스의 발명가이자 기술자인 니콜라스 조셉 퀴뇨가 무거운 대포를 나르기 위해 발명했지요.

그러나 안타깝게도 이 차는 전혀 실용적이지 못했어요. 15~20분마다 멈춰서 불을 새로 지펴야만 했거든요. 게다가 사람이 걷는 것과 비슷한 시속 4킬로미터 속도로 움직였어요. 핸들을 돌리는 것도 힘들어서 방향을 바꾸는 것도 쉽지 않았답니다.

증기 자동차는 1771년 루이 15세 때, 공작이었던 스와솔 사령관이 보는 앞에서 시험 운행을 했어요. 그런데 운행 도중 차가 균형을 잃고, 충돌 사고가 발생하고 말았어요. 최초의 자동차 사고였지요. 이 광경을 지켜보던 사람들은 두려움에 떨었어요. 눈앞에서 차가 벽으로 돌진했으니까요. 엄청난 사고를 목격한 스와솔 사령관은 너무 놀라서 연구에 대한 지원을 중단했어요. 그래도 왕은 퀴뇨의 공을 인정하여 연금은 주었다고 해요.

최초의 증기 자동차는 현재 프랑스 파리국립기술공예박물관에 가면 볼 수 있답니다.

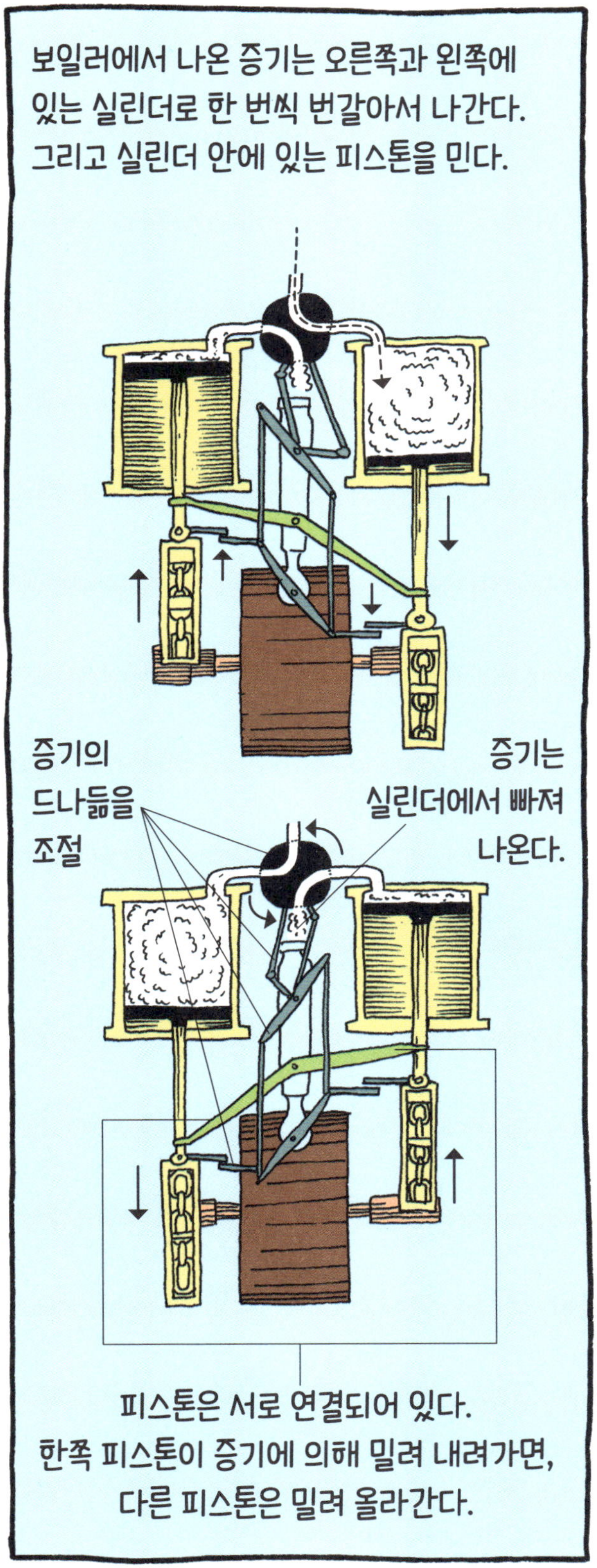
보일러에서 나온 증기는 오른쪽과 왼쪽에
있는 실린더로 한 번씩 번갈아서 나간다.
그리고 실린더 안에 있는 피스톤을 민다.
증기의
드나듦을
조절
증기는
실린더에서 빠져
나온다.
피스톤은 서로 연결되어 있다.
한쪽 피스톤이 증기에 의해 밀려 내려가면,
다른 피스톤은 밀려 올라간다.

톱니바퀴
피스톤이 기계의 팔 부분을
위로 당긴다.
이때 덮개는
톱니바퀴에서 떨어져 있다.
피스톤이 기계의 팔 부분을 아래로 밀면,
앞바퀴가 움직인다.
이때 덮개는
톱니바퀴에 붙어 있다.

증기 때문에
앞이 보이질 않아.
아무래도 보일러를
작게 만들어야겠군.
악마다!!!

그러게,
제대로 가고 있는지
모르겠네.
에휴…….
그러게 말이야.
멈춰요!!
내 집으로 돌진하고
있단 말이에요!

날개치기 비행 챔피언

2010년

지금은 어깨에 날개를 달아도 새처럼 날 수 없다는 사실을 많은 사람이 알고 있어요. 새처럼 팔로 날갯짓을 해서 하늘을 날기에 사람은 너무 무겁고, 힘이 약하니까요.

하지만 컴퓨터 기술은 점점 발전하고 있어요. 사람이 하늘을 나는 것과 컴퓨터 기술이 무슨 관계냐고요? 하늘을 날기 위해서 어느 정도의 힘이 필요한지 정확하게 계산해 내고, 날개가 어떤 모양과 크기일 때 가

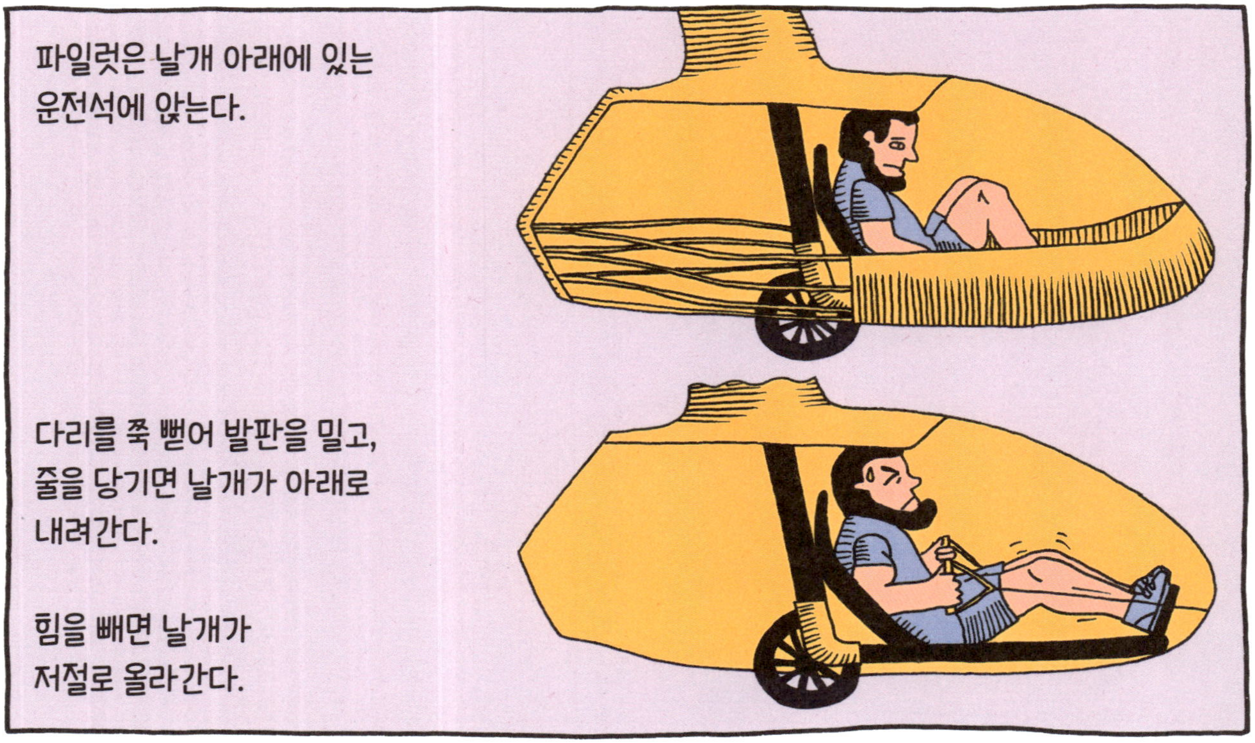

비슷한 날개 달린 조끼에 대한 설명이 72쪽에 있음.

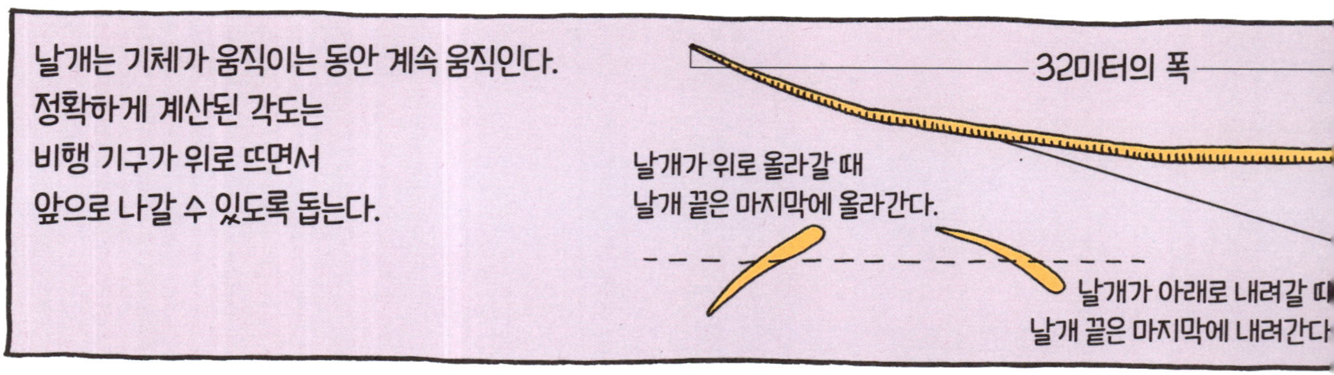

장 효과가 좋은지 알아내는 것을 컴퓨터가 도와주기 때문이에요. 예전에는 일일이 만들어 보고 실험을 해서 성능을 알아봐야만 했지요. 하지만 컴퓨터 덕분에 날기 위한 기구를 만드는 데 필요한 시간과 돈을 절약할 수 있게 되었어요.

캐나다 토론토대학교의 젊은 과학자들은 컴퓨터로 가장 이상적인 날개에 대해 연구했어요. 그리고 그 결과를 바탕으로 날개치기 비행 기구를 만들고 '스노우버드'라고 이름 붙였습니다.

'스노우버드'는 사람이 직접 날갯짓을 하여 약 20초 가량 공중에 떠올랐어요. 그리고 시속 25.6킬로미터 정도의 속도로 145미터 가량 비행하는 데 성공했지요. 이것은 인간의 힘을 이용하여 하늘을 난 세계신기록이랍니다. 이후 이 비행 기구는 캐나다 오타와에 있는 항공우주박물관으로 옮겨져 전시되고 있대요. 어때요? 여러분도 세계신기록에 도전해 볼래요?

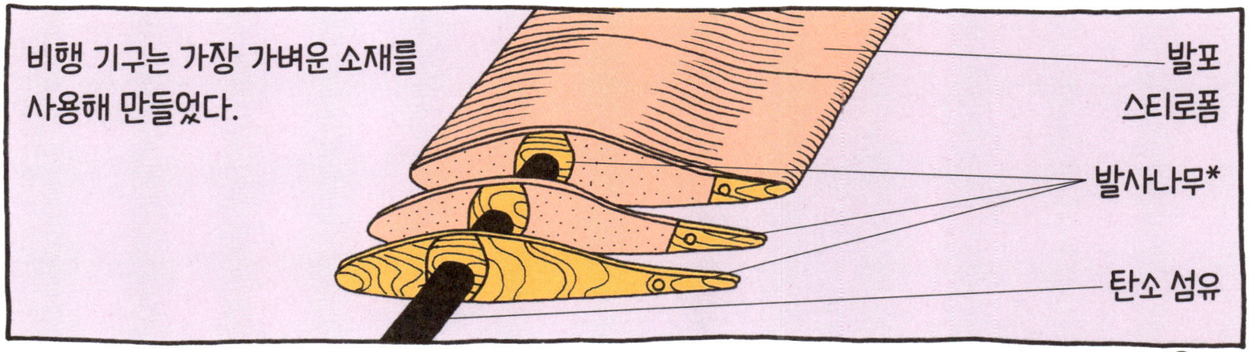

*코르크보다도 가벼운 나무

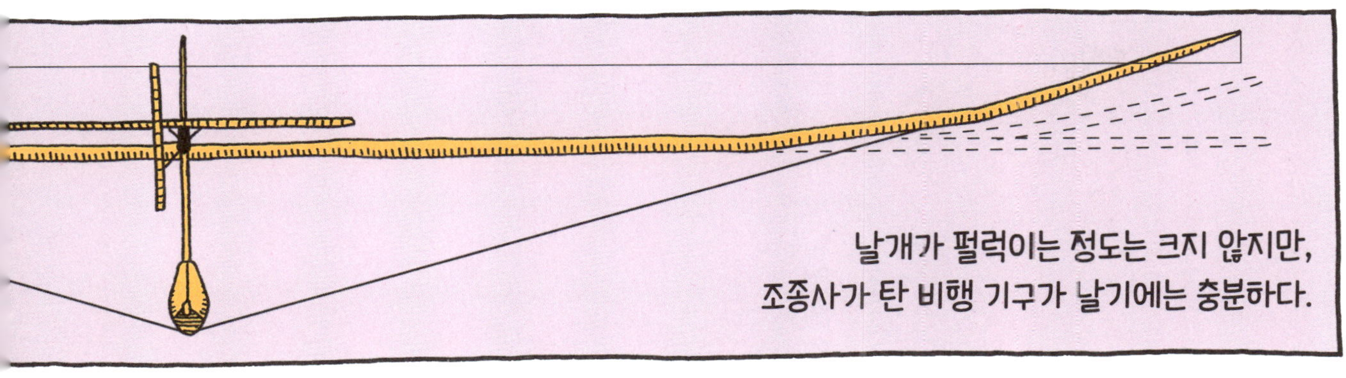

오, 제법이네!
사람들이 성공할 때도 있구나.
우와! 인간이 새가 되었다!
보이지? 날개가 잘 움직이고 있지?

나… 나…
난다!
날고 있어! 줄이 없는데도
혼자 날고 있다고!
세계신기록이래!

얼음 레코드판

2012년

요즘에는 기술이 발달해 레코드판이 점점 사라지고 있어요. 하지만 여전히 레코드판으로 듣는 음악을 좋아하는 사람들이 있답니다. CD나 인터넷에서 다운로드 받은 디지털 음원보다 레코드판을 턴테이블 위에 올렸을 때 나는 소리, '지지직' 하고 바늘 침으로 긋는 듯한 소리를 더 좋아하는 사람들이요.

이젠 좋아하는 음악을 냉동실에 넣을 수도 있어요. 무슨 말이냐고요? 특수한 용기에 음악을 담아서 얼

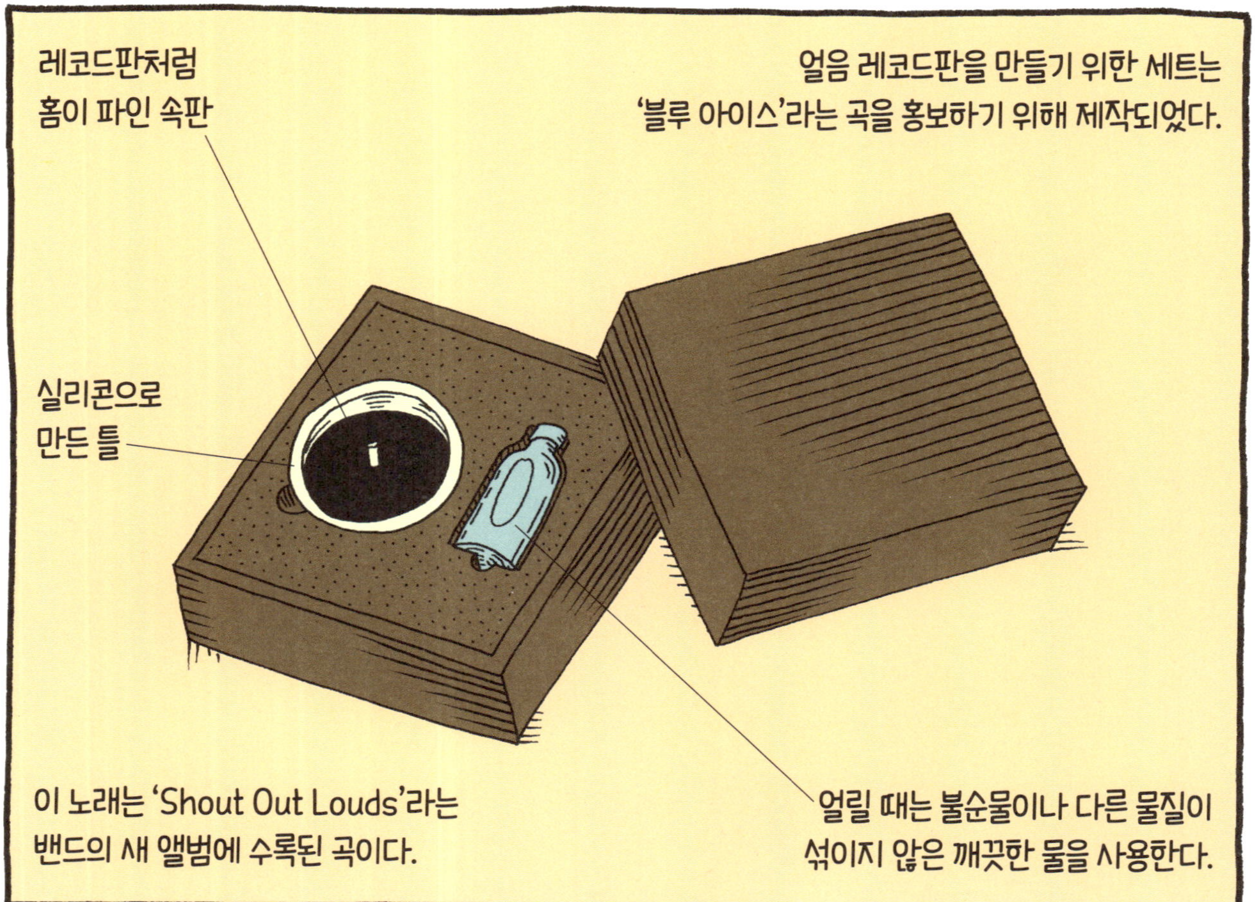

린 뒤 일회용으로 들을 수 있는 얼음 레코드판을 만드는 건데요. 이렇게 기발한 레코드판은 독특한 아이디어를 내기로 유명한 스웨덴 스톡홀름의 광고 회사 TBWA의 디자이너들이 발명했어요.

얼음 레코드판에는 한 곡만 담을 수 있어요. 왜냐하면 얼음이 녹기 시작해서 물로 변하기 전까지만 음악을 들을 수 있는데, 그 시간이 한 곡 정도를 재생하는 시간밖에 되지 않거든요. 이것이 이 발명품의 유

일한 단점이라고 해요. 그렇다면 장점은 무엇일까요? 친구가 레코드판을 빌려달라고 하면 판에 흠이 생길까 걱정할 필요 없이, 안심하고 틀만 빌려주면 된다는 거죠.

바지를 안 입는 것이
진짜 복고 스타일이라고.
내 헤어 스타일에는
이 모자를 쓸 수가
없겠는데.
나도 그래서
모자를 못 썼어.
더운데 다행이지.
그 로모 카메라로
사진 찍었어?
얼음 레코드판으로
듣는 음악은 더 따뜻한
느낌이야.
그러게, 멋져!
사진 찍어야지.
아니,
아직.
그 모자 너무
덥지 않아?

아날로그 사진이
좀 더 예술적이야.
내 걸 써.
렌즈에 흠이 있어서
느낌이 좋을 거야.
저 사람들 뭐지?
왜 한여름에
털모자를 쓰는 거야?
난 도미노 게임이 인기가
있기 전부터 즐겨 했어.
그래,
나도 그랬어.
여기선 내가
가장 복고 스타일이군.
음…… 조금?

프린터로 찍어 내는 우주 기지

2013년

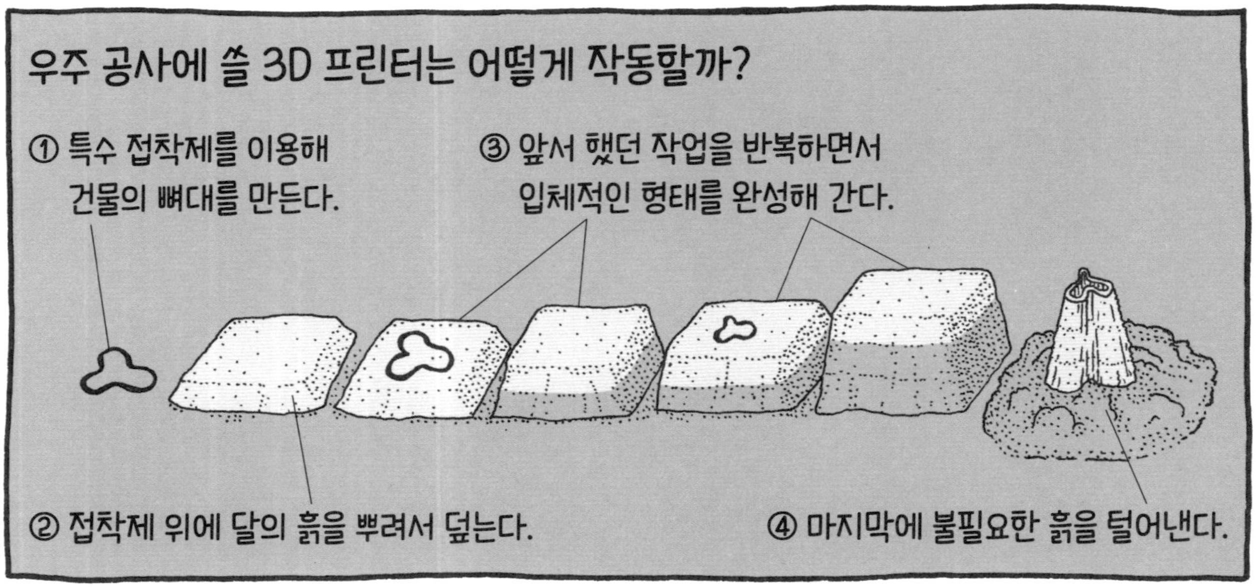

아무래도 조만간 집을 지을 때 프린터의 도움을 받게 될 것 같아요. 이는 비단 지구에서뿐만이 아니라 달에서도 마찬가지랍니다. 영국 런던의 설계 회사인 '포스터 앤드 파트너스'와 유럽우주기구(ESA)는 공동으로 3D 프린팅 기술을 활용한 건축에 대해서 연구를 하고 있어요. 그들은 태양광이 비추는 달 표면의 한 부분에 작은 기지를 건설하는 작업장에서 3D 프린터를 사용할 생각입니다.

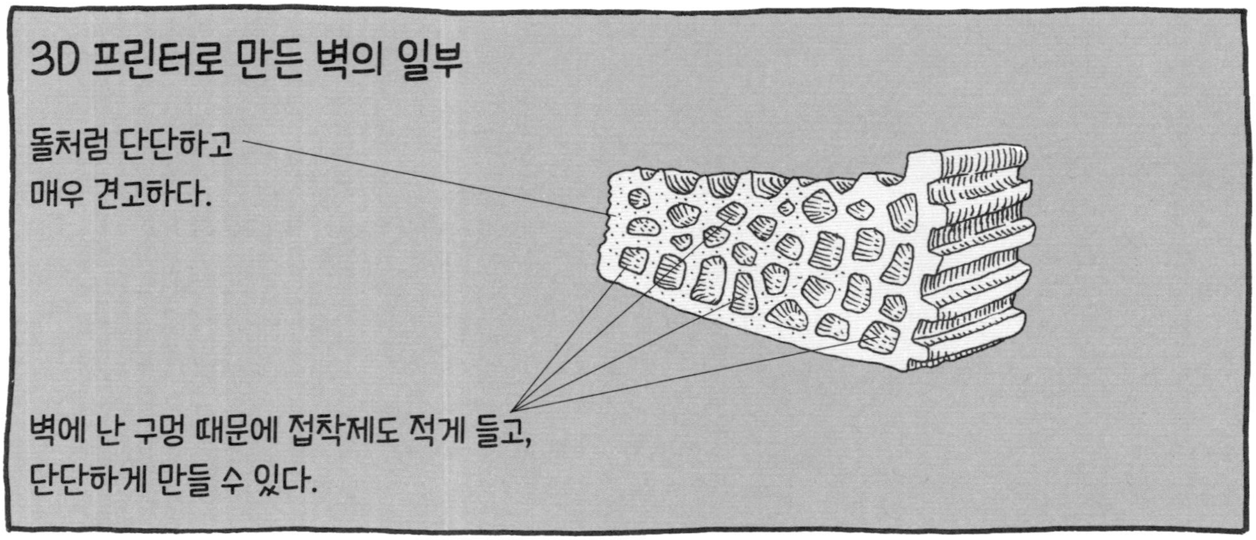

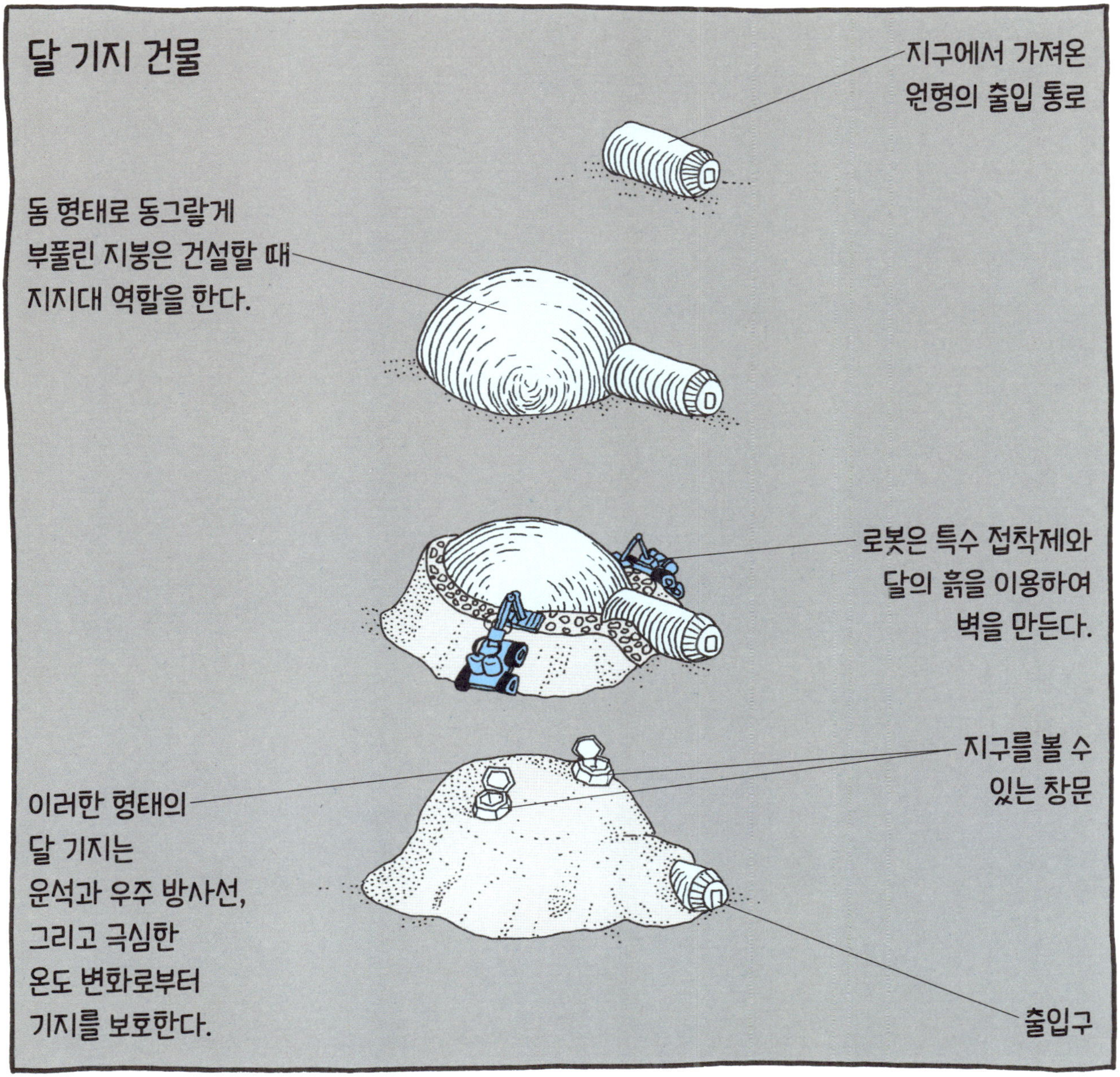

이런 기술과 생각에 어떤 의미가 있냐고요? 무엇보다 3D 프린터를 이용하면 기지를 지을 때 필요한 많은 재료를 달에서 구할 수 있어요. 힘들게 지구에서 가져갈 필요가 없으니 비용도 그만큼 절약할 수 있지요. 게다가 기계가 대부분의 일을 하기 때문에 사람이 직접 건설 현장에 있을 필요가 없답니다. 달에는 대기가 없어서 낮에는 상상하기 어려울 정도로 덥고, 밤에는 엄청나게 춥기 때문에 이 점은 상당히 중요하지요.

그렇다면 왜 달에 기지를 지으려는 걸까요? 누군가 달에서 살고 싶은 걸까요? 물론이죠! 천문학자들은 달에서 오랜 시간 머무를 수 있는 시설이 생기기만을 기다려 왔답니다. 달에 기지가 생기면 우주탐사를 위한 이상적인 장소가 될 것이 틀림없으니까요.

우리는 지구를 발견하기
위해 달에 온 거야.
꼭 철학자가 된 것처럼
말하는구나, 이제 곧
기지가 만들어질 거야.

차례

글쓴이 _ 마우고자타 미치엘스카 Małgorzata Mycielska

폴란드의 예술사 학자이자 편집자로 활동 중이에요. 바르샤바 미술관의 출판부에서 일하고 있고, 어른을 위한 역사책과 과학책을 만들고 있어요.《기상천외 발명백과》는 작가가 처음 쓴 어린이책이랍니다.

그린이 _ 알렉산드라 미지엘린스카 Aleksandra Mizielińska, 다니엘 미지엘린스키 Daniel Mizieliński

이 책의 그림을 그린 두 사람은 부부예요. 둘은 일러스트레이터, 그래픽 디자이너, 웹 디자이너로도 폭넓은 활동을 하고 있답니다. 2011년 볼로냐 라가치상 논픽션 부문에서 수상을 했고, 세계적으로 큰 인기를 얻은《지구촌 문화 여행》으로 2013년 프리모 안데르센상을 수상했어요.

옮긴이 _ 김영화

번역도 발명이라 생각하는 번역가예요. 한국외국어대학교에서 폴란드어를 공부했지요.
지금은 학교에서 학생들을 가르치고 있어요.

기상천외 발명백과

글 마우고자타 미치엘스카
그림 알렉산드라 미지엘린스카, 다니엘 미지엘린스키
옮김 김영화

1판 1쇄 발행 2017년 7월 20일
1판 3쇄 발행 2022년 6월 2일

펴낸이 김영곤
키즈사업본부장 김수경 **기획편집** 홍희정 오지애 **디자인** 한성미
아동마케팅영업본부장 변유경 **아동마케팅** 김영남 황혜선 최예슬 이규림 | 원정아 이해림 고아라
아동영업 이도경 오다은 김소연 | 한충희 오은희
해외기획 최연순 이윤경 **제작** 이영민 권경민

펴낸곳 (주)북이십일 을파소 **출판등록** 2000년 5월 6일 제406-2003-061호
주소 (우 10881) 경기도 파주시 회동길 201(문발동)
대표전화 031-955-2100 **팩스** 031-955-2177
홈페이지 www.book21.com

ISBN 978-89-509-7110-6 73500

• 책값은 뒤표지에 있습니다.
• 이 책 내용의 일부 또는 전부를 재사용하려면 반드시 (주)북이십일의 동의를 얻어야 합니다.
• 잘못 만들어진 책은 구입하신 서점에서 교환해 드립니다.

• 제조자명: (주)북이십일
• 주소 및 전화번호: 경기도 파주시 회동길 201(문발동) / 031-955-2100
• 제조연월: 2022.06.02.
• 제조국명: 대한민국
• 사용연령: 5세 이상 어린이 제품

56
24
60
116
104

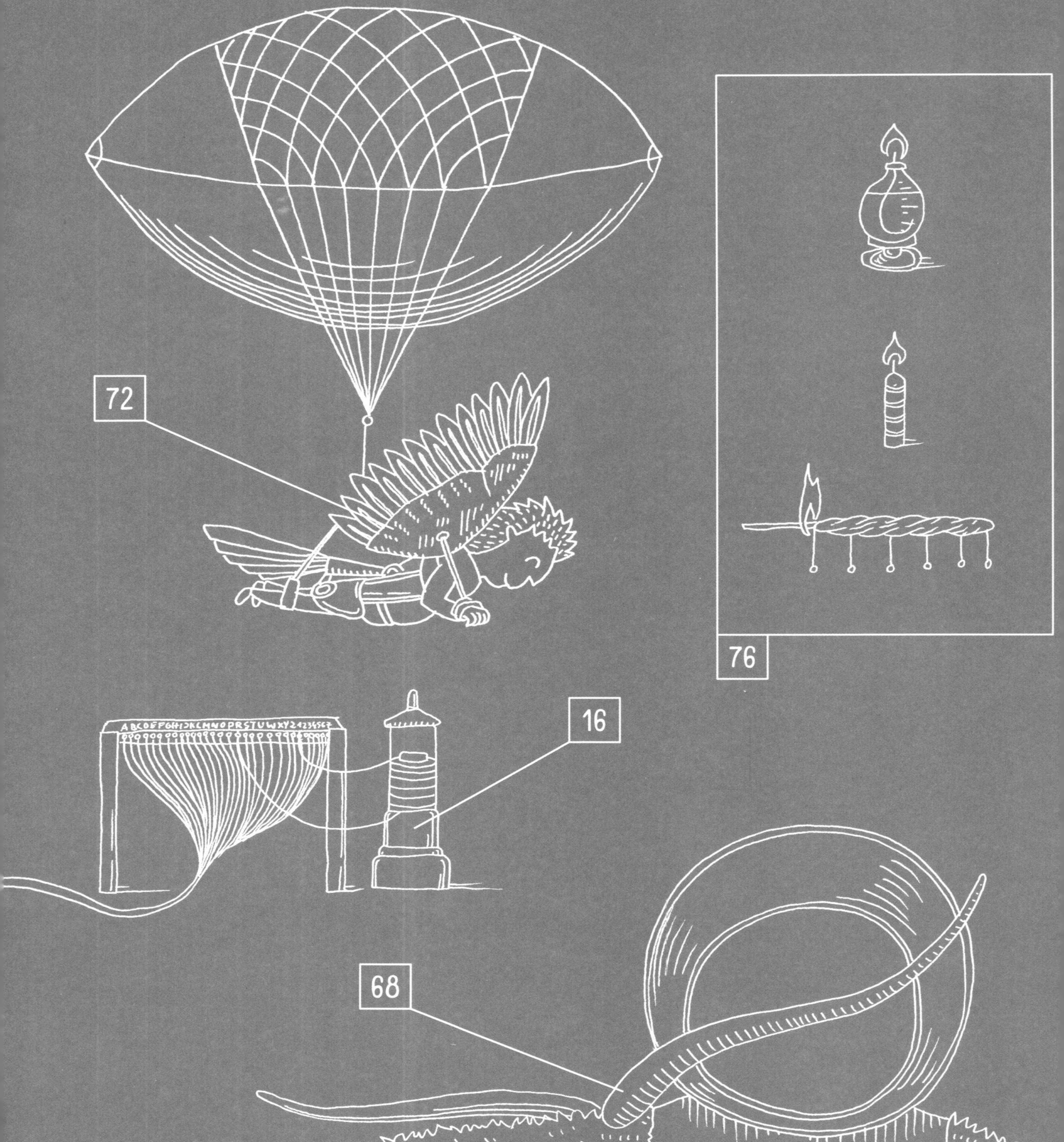
72
76
16
68